天下文化

BELIEVE IN READING

轉念的力量

不被念頭綁架，選擇你的人生，讓心靈自由

賴佩霞——著

目次 contents

前言

第一章

第二章

第三章

轉念功課的四問與反轉 099

第四章

轉念功課進階心法 149

第五章

佩霞老師和學員的轉念對話 195

第六章

轉念的目的：我可以全然擁有自己的主張 245

第七章

關於轉念功課的深度思考 255

後記

前言

老天爺
是我貼心的泰迪熊

面對眼前一幅巨大的聖母瑪莉亞肖像，五歲的我撐著小小身軀跪坐在聖壇前，雙眼緊閉、十指緊扣、手頂下巴，低著頭喃喃自語。雖然記不得那一天小小的腦袋裡在想什麼或究竟說了什麼，但那天真、虔誠、渴望有人傾訴的小女孩，獨自坐在小教堂祈禱的畫面，五十年來常常浮現我的腦海。

那是五歲唸天主教幼稚園時留下的珍貴印象。我猜，這一生伴我一路追尋真理的驅動力，約莫是從那個時候打下的基礎。

在純白的空間裡，我很容易品嘗到平靜；有依靠、有放鬆，常常也會有一些令自己驚喜的答案。這種平靜的感覺時常伴隨著我，無論是在市場、在海邊、在跟豬哥亮一起作秀的舞台上，甚至是當我瞪大了眼睛狠狠盯著前夫的片刻裡，都存在著。無論我有多生氣，在心底深處仍有一絲希望和寧靜。

以前不懂，但五十年後的今天，我明白了。經驗告訴我，在我心裡一直住著那位當年跟我對話的慈愛長者，每當我受欺負或感到絕望，祂會以靈光乍現的方式帶我度過難關，一次次讓我看到希望，而且讓我相信希望的存在。

我與那位心中仰望的慈愛長者的關係從來沒間斷過，即便有時只剩下一絲細微的牽繫，但我都還能聽到來自祂的安慰。離開幼稚園後，母親常帶我到廟裡拜拜，在那裡，我仍然會跟心裡的長者對話。從天主教、道教、佛教、基督教，到後來的心理學、科學、新世紀、靜心、存在、學術殿堂等，祂的「聲音」不但沒因為我四處探尋而消失，反而愈來愈清晰、愈來愈鮮明。

在之前寫的幾本書裡，我提過一個非常喜歡的禪宗故事：

爺爺告訴孫子：「我們每個人的心裡都住著兩匹狼，一匹是惡狼，一匹是善狼。」

孫子問：「哪匹狼比較有力量呢？」

爺爺說：「就要看你平常都在餵食哪一匹，那一匹就會愈來愈強壯。」

你手上這本書，目的就是要提供餵食那一匹「善狼」的務實工具，因為心中那匹野放的惡狼太讓人痛苦了。有什麼比心中痛恨某個人更令人痛苦的呢？總要自己先有恨，才有本錢去恨別人，不是嗎？這種置自己於不義的事情早該停止了，畢竟接下來還有許多好日子等著我們去創造與開發呢！

兩匹狼，若拿頭腦裡的思維做比喻，就像腦子裡存在的「正向、平靜」和「負向、恐懼」兩類思維。本書所提到的「轉念功課」（The Work），運用四問與反轉的參問過程，就是一趟把我們從恐懼的思維帶開，移往平靜心靈的開悟旅程。

在這條心靈成長的道路上我走了五十年，我非常認真，也從來沒有停止過追求幸福。當然，後來也發現，幸福不是追求來的，而是實踐來的。這個轉念心法，希望能支持每位有心成長的人，品嘗到心靈的恬靜與幸福。只要願意，轉念心法能很快速連結我們內在這位溫和、仁慈、豁達的智者，同時也會在不經意的情況下為我們現身，發揮祂最大的影響力與魅力。

練習轉念時，你會看到自己愈來愈像一位拿得起、放得下的智者，同時還充滿著愛與慈悲。無論是面對家人或同事，無論是在家裡或工作上，只要願意，它能快速解決所有讓我們痛苦的糾結，因為腦海裡那匹懷著恐懼的惡狼，在智者的關照下，很快就會被降伏，理由是，事實的真相比我們想像出來的醜陋情節要慈悲多了。

我所謂的事實，就是童年泰迪熊給我的感悟，也是今日我生活上一頁頁神蹟的基礎。

大約三、四歲時，媽媽幾次出門，把我一個人留在家裡，那一幕幕的場景，如今印象還很深刻。當時的我心裡充滿恐懼，擔心是不是會有陌生人闖入，整個晚上不斷從床上跳起來，跑到門邊確認大門、房門是否上鎖，然後又快快奔回床上躲到棉被裡，再把自己裹得緊緊的，只留一點點可以呼吸的空隙。整個晚上來回不知跑了多少趟，只要聽到任何聲響，都會讓我驚恐不已。

一次次質疑、一陣陣驚慌、一幕幕駭人的虎姑婆故事在我腦子不斷穿梭。

這時候，只有泰迪熊安安靜靜躺在我身旁，我抱著它一直跟它說話，只有那樣我才能感受到平靜。泰迪熊的存在，很務實的把我從恐慌情境中，帶回當下的現實，而事實就是「有祂、有我、有平安」。我總在抱著泰迪熊說話時慢慢入眠，就這樣，它成了一路陪我成長、安定我身心的玩伴與神蹟。

從心理學到身心靈探索，一步步走向真相

十七歲時，我到了美國，在課堂上第一次接觸到心理學，在那之前對心理學粗淺的認識，就只是看看《姊妹》雜誌裡的血型、星座分析和心理測驗。坐在教室聽老師

上課，我興奮莫名、茅塞頓開，開始把許多對人的好奇轉向有學理根據的心理學上。回台灣後，投入演藝事業，為工作拚搏成了生活重心。心理學雖然對我很有吸引力，也只是靠著閱讀遠流、張老師出版的心理學叢書，滿足自己的求知慾。

第一次想投入心理學的學習，是從探訪全台各地監獄開始。當時我二十出頭，因為出席公益活動認識了孫越叔叔，他邀請我去藝人之家，之後就常常隨著基督教「更生團契」探訪各個不同年齡層的觀護所、男子監獄、女子監獄、外役監獄，以及一些收容未成年者的中途之家。

聽著他們的故事，我心裡總會默默暗想：「我能為他們做些什麼？我如何幫忙？」從此，每當看到、聽到一些社會重大案件，我不再認為事不關己，而是心口常常會有隱隱作痛的感覺。現在回想起來，當時每個星期天坐在教會裡聽牧師講道的當下，正是我真心渴望心靈教育的萌芽。

離開幼稚園十多年後，我又回到了聖壇前，多了生活歷練，這時候的我，是帶著意識覺知與內心的智慧長者持續對話。

後來認識了前夫，我們在教堂裡風風光光、歡歡喜喜的舉辦婚禮，走在紅毯上接受大家的祝福。之後慢慢發現，婚姻中的衝突單單只靠教會的聚會、聽道、禱告對我來說遠遠不夠，我需要更扎實的知識學習。

一九九一年，大女兒的誕生帶給我最大的生命禮物——由於對「幸福」強烈的渴望，燃起了我全心投入心理學的動力。這是我第二次感受到強烈的學習意圖，因為我無法任憑自己的無知，去傷害一個夢寐以求的小生命。

在最初四年心理學的密集學習中，我的婚姻觸礁，我決意離開。前夫雖然表示願意與交往對象斷絕往來，但我剛強的性格，雖然口頭答應要給對方一年的機會，實際上那一口氣始終吞不下去，即使生活在同一個屋簷下，我知道自己無法回頭。就像我們家媳婦隋棠在電視劇《犀利人妻》說過的名句：「可是……我回不去了！」

當時雖然懂得不少心理學的理論和道理，但也只是停留在知識層面，我知道自己心碎了、夢碎了，需要找到心靈療癒的管道重新站起來。在同一年裡，我懷了老二，最後，在對方一次次承諾、一次次食言的情況下，為了保有心靈上的平靜，我決意帶著兩個孩子離開婚姻。細節就不多說了，我曾在《回家》這本書做過詳細的剖析。

一九九五年，我生了老二，帶著心碎與傷痛，毫無退路走向身心靈的探索。心理學的理論邏輯讓我清楚明白，這個結果是我自己創造出來的，如果不好好面對和超越，孩子很有可能步入和我一樣的命運。對於這一點我戒慎恐懼，因此二女兒的誕生送給我另一個最大禮物——為了整合破碎的人生，將自己送往靈性探索之路。

心理學讓我明白道理、了解別人，靈性探索讓我提升意識、了解自己；一個偏重於外求的知識學習，一個偏重於內省的身心靈成長。

經驗告訴我，通常我們會把從心理學學來的理論或邏輯，套用在分析別人或評論現象上面，而心靈探索的對象主要是針對自己，所有的學習都仰賴向內觀照，覺察自己的起心動念，因此兩者關注的對象不同。相較之下，心理學注重的是學理的研究與應用，而身心靈探索是學著回過頭來誠實面對自己，過程一定會需要正視自己的瘡疤或傷口，會很痛、很直接，需要相當的勇氣。

然而，針對那些隱藏在心底的黑暗，我必須說：「無論我們走到哪裡都躲不掉。」

既然如此，乾脆早一點釐清，好讓自己早一點迎向寬闊、豁達的幸福。

轉念功課初體驗，把鄙夷化為同理

透過心理學，我明白了很多邏輯與道理，也解開了很多心裡的疑惑，特別是關於原生家庭如何影響我們每個人的人生走向。這一段學習之路對我來說至關重要，不僅我自己受惠，還有我所面對的廣大民眾。除了前面提到身陷囹圄的受刑人，當時我還主持不同類型的電視與電台節目。我總認為，身為公眾人物，即使做不到言之有物，最起碼也不能誤導大家，這也是我一直不斷學習的關鍵因素之一。

在那四年我非常認真學習，只要有課就上，無論是理論心理學或應用心理學，後來又有機會接觸「超個人心理學」，也有人把它定義為「靈性心理學」，沒想到這扇門可開大了，接著我就進入了靈性探索的旅程，也是日後投入奧修靜心的主要機緣。

簡單說起來，相較於心理學分析人的七情六慾，靜心之於我只是單純的存在，不做任何事——沒有行動、沒有思想、沒有情緒。由於四年大量沉浸在學習了解人的心理，這時候的我已經準備好要往「空性」邁進，更希望能享有心靈上的平靜與喜悅。

過去二十五年的靜心學習經驗，我徹底明白，頭腦裡的念頭是左右我們人生幸福與否的最大關鍵。而這本書最主要的目的就是希望藉由拜倫．凱蒂（Byron Katie）設計的「轉念功課」，讓手上拿著這本書的人，都能看清楚自己腦袋裡的念頭如何影響了生命品質，同時可以從這本書裡學會一套簡單方法，快速淨空腦袋，讓自己的內心得以安靜下來，享受該有的寧靜與豁達，然後做出對自己最有利的選擇。

主要是因為在第一次接觸轉念功課時，有了令我印象深刻的重要體悟，才會決定要好好深入研究，因為我明確洞悉了「念頭」的威力，同時領悟到「撥亂反正」的重要——這裡的「正」指的是「事實真相」，而真相就是所有一切的解答；有了答案，我們的心自然也就會安定下來。

二〇〇一年，在一個長達五天的避靜課中，來自德國的喇哈夏（Rahasya）老師花了兩個多小時和學員分享「轉念功課」。由於喇哈夏的醫學背景，還有德國人嚴謹的做事態度，再加上曾經多年擔任印度奧修中心神祕學院院長的經歷，無論他思考事情的方式，或是對靈性成長的解讀，都相當令我懾服。

喇哈夏以他個人的經驗和領會，帶我們一起體驗轉念功課。一開始他先發一張「批評鄰人作業單」，要我們把腦子裡針對某個人的批評全寫下來。像是：

一、我對誰感到失望、憤怒，為什麼？
二、我想要他做出什麼樣的改變？
三、我要給他什麼明確的建議？
四、我需要他做些什麼來讓我開心？
五、列舉他種種令我不滿的行為。
六、我再也不要在他身上經歷什麼？

當時，我的腦海馬上跳出一位令我極度不滿的老師，只要一想到他，我的胃就一陣抽搐，隨之而來的就是一股強烈的抗拒與不屑，我認定這個人不但自以為是，而且個性頑強，喇哈夏要我們做練習時，我不假思索便選定他為對象。記得我在紙上寫下一大堆對他的批評和意見，很想嘗試看看轉念是否真如傳說中那麼神奇。沒想到，只經過一次練習，居然能當下就把一個原本極度厭惡的傢伙，從不屑轉為同理，更奇妙的是，自此我再也無法感受到先前對他的鄙夷。

我在紙上寫道：**他自大、固執，不可理喻！**

在這之前，我已經學習靜心多年，雖說這是練習轉念功課，但整個過程很自然的把我們帶向靜心的品質，因為目的不在於要證明對方有多麼「糟糕」，而是希望我們自己能從厭煩的情緒中走出來。

喇哈夏說，轉念是一個可以幫助我們解開心智、思維枷鎖的工具。所以，我非常認真一步步跟著做，做到最後的反轉，我對坐在面前的夥伴說：「我自大、固執，不可理喻！」

說到這裡，我根本做不下去，因為……我最討厭固執的人，我一向認為母親超固執，而我總是她執念下的最大受害者。我，怎麼可能固執？我，怎麼可能跟她一樣？這萬萬不可能！

當下我的腦袋一片空白，久久無法回神。經過幾個深呼吸和沉澱，眼前和我一起席地而坐的夥伴進一步要我說出自己固執的三個例子。沒騙你，這時候我真想敲她的頭，但她實在太真誠了，我那僵化的腦袋不得不慢慢軟化下來。試著除去對錯的框架，我想了想，緩緩的說：「對於信仰，我是固執的。」說出口之後，坦白說，還有些許驕傲的快感。

我做了幾個深呼吸，想了一會兒，又說了：「以『愛的教育』教養孩子，我是固執的。」抖一抖身體，這次似乎更容易一些。雖然腦袋還在打結，但我的肩膀、身體明顯放鬆了下來，再沉靜一會兒後，我又說：「對於『誠信』這件事，我是固執的。」

突然，我發現，是的，對於某些事，我也是一個既自大又固執、不可理喻的傢伙。這時我突然像軟糖癱躺在地上，輕鬆的笑了。嘿嘿嘿！

我想，這就是所謂的身心靈整合吧！把長期以來拒於門外、不肯接納的特質，一個個整合回來，重新賦予新的定義與價值，「固執」似乎不再是令我厭惡、抗拒、糟糕的標籤了。當下明顯感受到臉部線條鬆了，對於這個轉念的過程，我開始產生高度好奇，為什麼只是做了簡單的紙上轉念功課，就能讓長久以來抱持的鄙夷，像解除警報一樣憑空消失，取而代之的，不只是有別於以往的情緒，而且還湧現人性最難能可貴的同理心。

難道只因為看到自己加諸在別人身上的批判，以及感知自己也有一樣的品質，就可以不再抗拒、不再頑強了嗎？太神了！

對於「那一位」老師，我產生了同理心。從他身上我領悟到，原來我們各有各的制約，各有各的執著。當下我不再鄙視「固執」的人，反而能同理他眼中對「擇善」的堅持。我的身體突然感到一陣輕鬆與自在，這體驗非常神奇！當下，我放下了那位老師，也放過自己。我打定主意，一定要去學個明白，看看轉念功課的門道在哪裡。

回到家一看到先生時，我問他：「你覺得我是個固執的人嗎？」他二話不說：「當然！」我不可置信的睜大眼睛看著他，他也睜大了眼睛回應：「怎麼？你不知道你很固執嗎？」我真的不敢相信耳朵聽到的。轉身衝到兩個女兒房間，我問她們：「你們覺得媽媽固執嗎？」兩個女兒互看了兩眼說：「ya！」天呀，原來在他們眼裡，我還真是不折不扣的固執，怎麼可能？

從那天起，我不記得曾經為了哪個我認為「固執」的人皺起眉頭，取而代之的，反而是好奇想知道這股堅持背後的故事和想法。

愈優秀的人，愈需要轉念功課

「身心靈」長期以來被視為一種「玄學」，有些人把它歸納為沒有科學根據、抽象、不具體，甚至故弄玄虛、怪力亂神，因此刻意保持距離。對於那些重視邏輯與實證，以理性思考見長，習慣透過理性思維與行動，靠著努力與天賦，在專業領域表現優異、得到聲名與成就的傑出人士來說，「身心靈」根本是一種不切實際、不夠務實的追尋。這樣特質的人，我身邊還真有幾位。

也許因為我先學了心理學、超個人心理學，再接觸心靈成長，所以毫不懷疑身心靈探索具有科學根據。一九九六年，我第一次到印度普納（Pune）奧修靜心村，當時離租屋不遠的地方，就住著不只一位諾貝爾獎得主以及科學家。果然，日後看到一篇篇與身心靈健康相關的研究，如雨後春筍在各家科學期刊發表，有心理學家、物理學家、腦神經醫學家等，不可否認，有一股向內探索的潮流正在興起。

事實上，許多大家眼中的傑出人士，對身心靈發展早就存有高度好奇，也抱持開放的態度。早期最受矚目的代表人物「披頭四」主唱約翰．藍儂（John Lennon）就是其一，經過了半個世紀的孕育，如今擴散到了醫學界、科學界、企業界。近年更是風起雲湧，愈來愈多人對於個人心靈成長方面的知識求知若渴，相較於以往，現代人對自己的身心狀態多了一些好奇。

二〇二〇年初，一篇哈佛大學校內發布的文章提到，為了鼓舞士氣以及紓解員工的壓力，許多跨國企業早在幾年前就開始在內部推廣身心靈教育，像蘋果、谷歌、耐吉、時代華納、麥肯錫公司、德意志銀行、寶僑、HBO、普倫帝斯霍爾出版社（Prentice Hall）、通用磨坊等。愈來愈多研究顯示，身心靈發展並不是信口開河的抽象玄學，而有其嚴謹的系統與邏輯。

身兼美國人文與科學院院士及史丹佛大學心理學教授的卡蘿．杜維克博士（Dr. Carol Dweck）經過長年研究，發現人有兩種心態，一種是「成長型思維模式」又稱「成長心態」（Growth Mindset），也就是對未知充滿好奇，把挑戰視為學習的機會。而相對的「固定型思維模式」又稱「定型心態」（Fixed Mindset），顧名思義就是一種僵化、缺乏創意、害怕失敗的心態。

相信我們都看過這樣的成功人士，對任何和自己眼界不同的觀點都予以排斥（通常簡稱為「固執」），即使傑出、認真、盡責，也擁有世俗所讚揚欽羨的成就，但近身觀察，卻看不出此人因為擁有比別人更多的資源，而過得比較幸福或滿足。對於這一點，我們都能理解，功成名就的背後，總要承擔比一般人更多的責任。

一方面能力強，一方面壓力大；為了堅持某些僵固的信念，不得不咬緊牙根，把自己的心反鎖在某個受苦的角落。而最讓我感慨的是，我身邊的這些朋友，一個個都非常善良，只因為沒有適當的機緣或好勝心太強，無法說服自己靜下心來嘗試一些可以擺脫困境、活得自在喜悅的工具。

雖然我懂得許多可以讓人生更輕鬆豁達的方法與知識，但除了心疼與不捨，我也不便多說什麼，畢竟，關於身心靈成長這件事，都是各人的選擇。遺憾的是，對大多數人來說，總要等到某天身體出狀況，或遇到痛徹心扉的難題，才會想要徹底改變，而我能做的，也只是在一旁耐心等待對方向我示意，只有當他們願意敞開心胸，我才有機會和他們分享。

其實，我心裡常常暗想：「要有多痛，人才會想要改變？」

人的感覺、思想和記憶相當複雜，然而，人的行為卻相對具體。通常我們都是從一個人的言行舉止去揣測他的思維。別說是對別人，就算對自己，我們常常也搞不清楚自己情緒的陰晴圓缺，只有發現自己已經偏離夢想軌道時，才會想進一步探究。

擁有一把人生的金鑰匙

這本談論「轉念」的著作，除了原本就關注身心健康與幸福的朋友，我更希望能成為職場傑出人士的囊中寶典，在一次次的轉念過程中，找到心靈上的慰藉。這裡提供的方法，無論在任何時間、任何地點，一旦感受到負面情緒湧上來，立刻就能用來幫助我們放下眼前的怨懟、不堪與膠著。

這是一個屬於我們個人身心成長的私密空間，除了自己，沒有人能侵入。這裡沒有面子問題，沒有隱私被侵犯的問題，沒有值不值得的問題，沒有要不要解釋的問題，沒有對不對、應不應該的問題，因為最終的結果只有一個，就是選擇，選擇重整自己、善待自己、放過自己。

我們都知道「放下」很重要，但我卻要說「選擇」更重要。只有先選擇要放下，才會有動力想要去學習「如何做到」的「方法」。畢竟，推動我們改變的是「意圖」與「行動」。

當我們對自己的現況不滿到一個程度，就會想要「選擇」解開那個枷鎖，這時候，工具才有它的價值和意義。這也是從「固定型思維」轉變為「成長型思維」的起點。「選擇」是老天爺賦予人類最偉大且最有價值的能力，而我們卻常常忽略它，甚至對它渾然不知。這是我認為最最重要也是至為關鍵的第一步與最後一步。

本書談的雖然是轉念，但慢慢會發現其實背後支撐的重要力量是「選擇」。轉念功課讓我們看清楚足以提供選擇的素材，讓我們有足夠的資訊來做評估和篩選，最後，當頭腦安定下來，意識將會發揮它最大的效益，為我們做出最好的選擇。

眼看身邊朋友的努力與付出，了解他們的掙扎與挫敗，明白他們的焦慮與茫然，我真希望每個人手中都握有一把足以讓自己走出困頓的鑰匙，一把握在手上就能感知力量的鑰匙，一把時時提醒自己擁有強大自由意識的鑰匙。這樣的明白，相信對我們自己以及身邊的重要他人，甚至群體與社會，都能產生大的貢獻。

寫這本書，就是為了分享這一把我帶在身上二十年的金鑰匙。

過去二十年，在沒有刻意規劃的情況下，我一步步實踐了從來不曾奢望的夢想：完成大學、碩士、博士學位和美國哈佛大學甘迺迪學院公共領導力學程，還有，想都沒想過的，受聘於國立陽明交通大學資訊學院擔任兼任助理教授。我再清楚不過，如果不是多年來學習轉念的成效，再多貴人都沒辦法引導我到今天的狀態。這段話我想要表達的是：你現在可以大膽放眼未來，因為你也將擁有一把打開心中那個「不可能」的鑰匙。

遇到困難，我堅持一次又一次用轉念的技巧，解構那些排山倒海，有如毒蛇猛獸，甚至讓人窒息的自我批判與嫌棄。從原先頭上總是套著受害者緊箍咒的「固定型思維」中解套，轉化為勇於面對挑戰，對未來充滿好奇的「成長型思維」。過程中在在驗證了：「困難」只是一層薄薄的思想。

我在這裡，把多年親身經歷的關鍵體驗和你分享，願你也能開始敏銳的偵測那些埋藏心裡，似是而非的謊言、妄想。用喇哈夏說的「地表最厲害的轉念工具」來解開那些曾被侷住、被框限、被綑綁、被定型的思維。當我們帶著意識，看清楚固定型思維與成長型思維的差異，接著要做的就不多了，因為善於趨吉避凶、聰慧無比的腦袋自然會做出最明智的抉擇。

不僅如此，此時你自然會把以往投諸在掙扎上面的心力，轉往重新抉擇的事物上。有了明確方向，身心自然會感受到一股清新的行動力，同時能洞察周遭各種不同的可能性。

正向心理學提出了「快樂的核心在於成長」的說法，而這裡所指的成長，就是在每個當下都能做出有利於身心靈的抉擇。最終我們將會發現，原來我們心裡所寄予成長的對象不只是自己，還有我們關心的人和環境。

就像西元前一位猶太拉比希勒爾（Hillel）曾說：「如果我不為自己，誰會為我？如果只為自己，我又算什麼？如果不是現在，更待何時？」（If I am not for myself, who will be for me? When I am for myself alone, what am I? If not now, when?）「更待何時」指的是行動；行動就是我們愛世界、愛人、愛自己最直接的表現。

早晨醒來，無論是想為世界爭取和平，或是思考如何開始新的一天，都是選擇。打開這本書就是一種選擇。先謝謝你讓我走進你的世界。願陪你迎接各種具有挑戰的念頭，同時支持你所選擇的曙光；選擇所愛的，同時愛我們所選擇的。

好了，開始上課了。

第一章

我與轉念功課的相遇

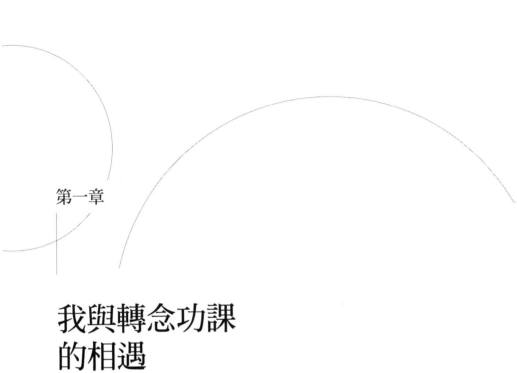

第一次聽到拜倫・凱蒂的名字，是經由一位我相當敬重的良師益友喇哈夏，他在身心靈領域被譽為「成道者」，很長一段時間他和妻子諾拉（Nura）每年都會到台灣授課，我們合作多年，算算交情至今有二十多年了。

喇哈夏是一位德國醫師，在放棄擔任知名醫院急診室主任之後，遠赴印度研習東方哲學，並成為奧修神祕學院院長，長年在澳洲、美國、加拿大、歐洲、尼泊爾、印度和日本等地帶領不計其數的工作坊，包括諮商、靜心與治療師訓練等課程。

多年來我一直跟著喇哈夏學習，後來主辦方邀請我擔任他課程的即席翻譯。在認識他之前，我已經有十年心理學與靜心的基礎，加上熟知奧修哲理，擔任他的翻譯，對我來說可謂得心應手，同時也是相當難得的學習機會。喇哈夏的醫學與科學訓練背景，潛移默化中奠定了日後我在身心靈領域有別於其他人的思維邏輯。我發現，我喜歡科學。

二〇〇一年，喇哈夏在一次課堂中談到美國知名心靈導師凱蒂，以及她所倡導的轉念心法，為了讓大家有多一些認識，便帶著學員練習「轉念功課」，也是這次的機緣，我領悟到轉念對處理心裡不舒服的感受非常有效，也讓我對這個領域產生了很大的興趣，想要更深入探究。

如上一篇前言所說，我非常驚訝，如何能透過短短三十分鐘的練習，對一個長久以來愛恨交加的對象，從原本的強烈抗拒，進而產生同理與共情，不但再也感受不到以往的厭惡，取而代之的是自我反省與諒解。太神奇了！

一九九八年，母親癌症過世，雖然我不得不接受命運的安排，但面對與死神交戰的無助仍無法處之淡然。在那幾年內，我身陷哀悼的情緒，常常三更半夜突如其來的飽受哀傷襲擊，每隔一段時間就會從啜泣中醒來，看著枕頭上一灘灘分不清是淚是涕的痕跡，總讓我想嚎啕大哭。

白天的時候，我是個太太、是個母親、是個職業婦女，過著正常的生活；到了夜晚，卻不知何時又會從悲傷中驚醒過來。那段期間也是我探索身心靈最迫切、認真的黃金時期。

理智上來說，我對轉念的技巧有著強烈的好奇，但冥冥之中不斷推動我的是想要

「尋找生命的解答」，因為當時的我，被母親離世的哀傷所綁架。對於擁有兩個可愛女兒的我來說，我知道自己的生命狀態有如槁木死灰，母親離去後，我的心、我的歡樂也跟著她一起離開了。

因為對於真理的渴求，加上想盡力做好工作，既然知道喇哈夏所教授的是凱蒂的轉念心法，身為翻譯，理當要把邏輯學好、學徹底。我不願意只做表面的文字翻譯者，而是想要將轉念功課的核心旨意，以及其背後的學理基礎和奧義表達清楚，讓人容易明白。

當年提到靜心，並不像今天這麼受到青睞，而聽過轉念的人，更是寥寥無幾。我非常慶幸，進入心理學領域後接觸了靜心，又從靜心發現了轉念，能從身心靈不同的層面學習，大大滿足了我好奇、好學、好玩的特質。

我信任喇哈夏，只要他認為值得學習的教義，我都會親自前往取經，特別是女性的靈性導師，這對我的學習之路來說尤其重要。我知道男性與女性有很多方面都不一樣，思維、感受、經驗都不同，起碼那是當年我相信的，我認為自己需要一些來自女性求道者的共鳴，也就是不同於男性的體悟。

於是，二〇〇三年，我第一次飛到美國聽凱蒂本人上課；二〇一〇年，又去了德國擔任她課程的翻譯；二〇一一年，再次飛往美國採訪她，另外就是藉由這次交流，將我在心理學、身心靈、腦神經科學學到的心得做一番整合。

凱蒂出版過很多書，一半以上是由她的先生——作家史蒂芬．米切爾（Stephen Mitchell）撰寫，他對於東方哲學有深入研究，同時也是一位翻譯家，最知名的作品是華文經典《道德經》、《金剛經》英譯版，因此，在與妻子共同出版書籍時，自然會將一些東方的哲思整合貫通，融入書中。

我在那一段期間選擇的導師，無論國內或國外，主要的核心教導都是趨向於東方哲學。採訪凱蒂時，聽到她對東方文化的推崇，她認為，許多東方的哲學思考或是經典作品，都非常能夠支持轉念功課的概念以及執行。例如，東方文化常常提到的「解脫」，相信我們完全不陌生，但問題在於怎麼樣才算是「解脫」？又要怎麼做，才能真正「解脫」？

轉念功課是
茫茫生命大海中的一塊浮木

由於初次接觸轉念功課所獲得的結果，切切實實解決了我很大的困擾，同時也滿足了我極大的好奇和既驚又喜的特殊體驗，這讓我產生很大的動力想要深入探究。對我來說，它就像是一塊浮木，得以讓那些在茫茫生命大海中載浮載沉、看不到方向又不知所措的人有所依恃，進而有機會去選擇一個相對清明、安定的狀態。這套心法有著簡單精要的架構，和環環相扣的簡單邏輯，能快速解決我們生活中面對的伴侶、親子、家庭、金錢、職場、人際、社會……等各式各樣的關係或議題。

現代人因各種訊息過度龐大繁雜，加上環境不斷出現變化，導致許多紛亂無序的想法和負面情緒一再糾纏自己，使我們無法對焦。但就在初次接觸轉念功課的過程中，萬萬沒想到，原來一旦意識到腦中穿梭的負面想法，就能快速聚焦，有效偵測出核心關鍵，並找出導致情緒失衡的念頭。接著，用這套方法釐清念頭背後的癥結，以及釐清念頭和自我價值之間的衝突，進而給紊亂的腦袋當頭棒喝，讓內心瞬間安靜。

雯雯前幾年「被離婚」了，在一個週末午後，她來參加《魅麗雜誌》主辦的人生講座，當時我擔任該雜誌發行人，同時也是當天的主講人。

她舉手，站了起來，巨細靡遺描述著離婚後這段時間不情不願的紊亂心情，以及在教養子女及情感上所遇到的矛盾與掙扎。她的聲音，明顯透露出心中的委屈。說著、說著，她說了一句：「我好可憐！」

這時候，我不得不請她暫停一下，深呼吸。接著我問她：「你好可憐，真的嗎？」她愣了一下，回過神來之後，很明確、同時斬釘截鐵的說出：「真的！」

我請她環顧一下四周，告訴我眼前的事實是什麼？

她看看我，看看在場的人，看看周圍的環境。大概有十幾二十秒的時間，感覺她似乎摸不著頭緒，我用眼神示意，請她再看看眼前的一切，突然，她笑了，因為她發現就在說這句話的當下，她正坐在一家座落於台北某家高檔百貨公司裡的高級餐廳，眼前落地窗望出去的是林蔭大道。她穿著入時，像極了貴婦，有錢、有閒的出席一場她極想參加的演講會。對她來說，錢不是問題，孩子也大了，然而，腦袋裡卻不假思索的回響著那一句：「我好可憐！」

好可憐？真的嗎？你確定這是真的嗎？經過驗證，除了她腦海裡的聲音，外在沒有一件事實能支撐她的念頭。是的，她心裡難過，她想不透對方為什麼堅持一定要離婚，但「可憐」是真的嗎？

事隔多年，雯雯偶爾會回來教室上靜心課，提到我們初次見面的場景，總要打趣一番：「好好笑喔！當天我就醒了，謝謝老師。」

其實，不用我多說，人的大腦很懂得精打細算，並且斤斤計較。當我們意識到原來那些惱人、痛苦的念頭只是幻覺時，它一定會有所為、有所算計、有所改進。頭腦一旦發現，只要念頭一轉，便能帶來平靜、喜悅，以及其他的諸多好處，甚至能獲得實質上的利益時，一定會趨向對自己最有利的方案。

這時候，雯雯才開始意識到，她的銀行帳戶裡擁有一筆因離婚而匯入的豐厚贍養費，她擁有房子、車子，當然還有孩子。

腦袋一旦明白了個中道理，一旦懂得開始運用轉念，一旦阻礙我們快樂的盲點被意識照亮，自然就會長出新的芽，或者說是新的智慧吧！接下來，只要持續保持意識的明亮，別讓它熄滅，意識就會自動自發把我們往好的、優的、幸福的方向推進；開闊人生，指日可待。請記得了，只要肯好好練習，只要願意選擇坐下來看清楚事實的真相，就一定能嘗到否極泰來的自由。

轉念，讓我們活出明白

在華人社會裡，無論是宗教、文化或教義，大家口口聲聲都說要「放下」，也知道遇到不開心的事要「放下」，但問題是「怎麼放？」、「放不下，怎麼辦？」而本書介紹的「轉念功課」就在你一步步跟著按部就班做練習時，自然就解套了。不是因為誰比較聰明，而是當我們帶著清明的意識去看腦袋裡的信念，很自然不得不放下既損人又不利己的自我摧殘。

就像小孩子被火灼過之後，自然會選擇避開是一樣的道理。這時候你也許會問，既然如此，為什麼有人會一而再、再而三犯下同樣的錯？我要說，那是因為不夠痛，所以還能忍。有一種心理上的挫敗，久而久之會讓人麻痺，加上如果沒人教我們「除了痛苦，人生其實可以有很多其他更好的選擇」，當然就會繼續抱著痛苦不放。抱著它，是因為放掉後不知道還剩什麼？就怕會是更大的焦慮和恐懼。

經驗還告訴我，有些人選擇緊緊抱著痛苦，是因為當下對當事人而言，受苦有某種價值和意義，因此，只要能忍，不如就允許自己繼續痛吧！

這個時候，我們也許又想問：要痛到什麼程度，才願意選擇改變？

看到這裡，深呼吸一下，想一想，其實繼續抱著痛苦過日子，何嘗不也需要勇氣？然而，如果有人能幫助當事人，將勇氣帶往對身心靈有益的方向，那會是一個怎樣不同的人生？

人的腦神經迴路需要時間來強化它的韌性。首先我們需要有人帶領，加上要有耐心和毅力，再加上一次又一次有意識的抉擇。因此，內心安靜是重要的，人要靜下心來才能強化意識的敏銳度，才能探測什麼是天底下最珍貴、最需要呵護、最值得擁有的。

轉念功課主要以四道提問以及提出反轉來進行。透過長時間的一再練習，幫助頭腦從迷惘中看清楚「事實真相」，讓我們免於持續陷溺在過往種種的負面念頭或情緒裡，而且能重新找到看待這個世界的新視野。

當我們開始帶著意識以新的視角來看事情，就會看到自己愈來愈能在生活中悠遊，待人處事也會變得愈來愈圓融，遇到事情也不會一味抱怨別人或怪罪自己。當頭腦清空，內在的心智空間自然也會變寬闊，心情隨之輕鬆愉快。

直到有一天會突然發現，即使不再操作這套方法，也能活在明白裡，到了最後，頭腦對那些沒有意義、嘟嘟囔囔的聲音也不再感興趣，因為重點在於我們能主導自己的注意力，不再被沒營養的負面思維弄得輾轉難眠、心神不寧，或者耗費不必要的精神和體力。

轉念功課的核心不在於解決問題，而是把念頭從無意識中拉開來，寫在紙上仔細端詳。讓原本紛亂的思緒釘在紙上，免得它像脫韁野馬到處亂竄，隨後再以四個提問和反轉來細究該念頭對我們造成的影響。這個時候，我們要拿出科學研究的精神，大膽假設、小心求證，把那些將我們搞得焦頭爛額的念頭放在顯微鏡下，仔細端詳它的本質與變化，考核它的虛實真假。

整個過程其實非常有意思，而最重要的是，要帶著實事求是的精神來一探究竟。玄妙的是，我們會看到念頭因為被高度的關注、重視、探究，而發生無法解釋的神奇變化。人的意識之光何其奧妙且偉大，還有太多的未知等著我們去開發與研究。

安德斯．霍特（Anders Holte）是一位受過正統訓練的丹麥聲樂家、作曲家，前幾年來過台灣幾次發表作品。透過風潮唱片，我有機會和他及其伴侶卡西娜（Cacina）坐下來探討音樂對他們的意義與價值。

他們給我看了一段影片，記錄了霍特和幾位科學家在研究室裡的追蹤發現。他在實驗室裡以高度專注的善意，對著培養皿裡的血液持續吟唱。幾個小時後，血液裡原本病變的細胞開始有了好轉的反應，不只是當下的改變，即便結束之後的幾個小時，血液裡的細胞仍持續自我修復。這讓我想起了日本作家江本勝博士在其著作《生命的答案，水知道》所記錄的研究成果。如果連水都知道，那具有更高生命力的血液一定知道得更多。

以此類推，活體的腦細胞影響力更不容小覷，甚至無遠弗屆。想想看，人類的頭腦都已經把人送到月球、太空去了。

因此，當我們把念頭一一寫下來準備關注它時，表示我們將要開始面對它、了解它、傾聽它，與它交流。這是一個重要的意圖，因為我們的目的是找出真相，這樣的善意，頭腦自然會願意沉靜下來。

「停，別亂竄，現在我們一起來釐清念頭的真假以及背後的意義。」這種嚴謹清晰、想要一窺究竟的科學家精神是頭腦最喜歡的。理性、分析、解構，最後留下來的會是去蕪存菁的精華。記得了，本書不談「對錯」，談的是事實的「真相」。

有一天，朋友打電話給我，氣沖沖開始抱怨：「剛剛去市場買鳳梨，我選了一顆要老闆削給我，他說，直接拿旁邊削好的吧！付了錢，回家一打開，除了外面一層，裡面全爛掉，氣死我了。」

我問：「你在氣什麼？」

她回答：「他怎麼可以騙人？」

「你是說『商人不可以騙人』嗎？那你可能會很失望，他們不是多少都會誇大或灌水嗎？」

她想了想，說：「對喔，無商不奸。」

當然，這樣說雖然不完全正確，但是，卻讓她馬上平靜下來。

我常常拿房屋銷售做例子，看看賣房子的廣告，畫面上呈現出來的周邊環境，或什麼「林口到台北六分鐘」之類的，如果願意看清楚事實，就會即刻從「怪罪商人的不誠實」，轉變為「讚嘆難能可貴的誠實商家」。

不再懷有不切實際的期待後，朋友心平氣和的說了：「好吧！說的也是，算了。但我明天還是要去市場跟他說一聲。」

第二天，朋友又打電話來了：「嘿嘿，我跟老闆說鳳梨爛了，他又拿了一盒給我，我這次學聰明了，先拆開來看，沒問題才拿回家。」

我說：「看來這個老闆不錯。」

「是啊！」她說。

難怪凱蒂說：「事實遠比我們想像的慈悲多了。」

運用轉念的過程，我們會發現，同樣的念頭即使今天轉走了，很可能明天、下星期、下個月，甚至是某年的某個時刻，又會再度回來。一旦發現同樣的念頭又回來，就告訴自己「沒關係」，每出現一次，就再轉一次，直到有一天，不知不覺那條新的腦神經不但變強韌，同時內化成自然反應。這時候，表示我們的思維已經從原來的封閉、僵固、定型，轉變為成長型思維了。就算念頭頻頻出現，也會因為沒有事實的根基，而讓我們一笑置之。

轉念功課讓我們放下，卻不止於放下

許多人聽到「轉念」一詞，直覺上可能會解讀為所謂的「放下」或是「看開一點」，但本書提出的「轉念功課」，有著一套非常完整的邏輯與具體執行的步驟，絕不只是「放下」或「看開一點」這樣籠統模糊的概念而已。轉念功課有著明確的邏輯以及具體的操作心法，無疑是一個可以讓我們腦袋自由、思緒放飛的工具。

運用轉念的四個提問與反轉，就有機會體驗到有如當頭棒喝的「頓悟」。

轉念功課不是把問題擱置不理，也不是自欺欺人的視而不見；相反的，本書分享的方式，讓我們能直視自己念頭的真偽，並且用一個簡單有效的策略，去對治生命中無可避免的種種難題。像是家中經常把我們搞得氣急敗壞的親子、伴侶、姻親關係，又或者是職場裡對上、對下，以及同儕之間各種往來應對，這些關係如果沒有處理好，不只是內在的激盪與矛盾，可能爆發的或許是外在衝突，甚至財務損失。

除了讓人體驗到「頓悟」的驚喜，凱蒂還經常引用一些早就已經融合在東方社會普世價值觀中的哲學觀念，例如佛教中的「禪」（Zen）及其代表的務實、理性的如實精神。我們可以看到在她提出的心法中，有著東方哲學推崇的修身養性之素養。這些素養不只是說好話、做好事，而是要我們從最根本的腦神經系統模式來解套。

相信經過本書的介紹與說明，凱蒂推崇的東方智慧與精神，對身處東方社會的我們來說，一定能產生許多正面的效應與共鳴。

無論是「放下」、「頓悟」或是「禪」的精神，在凱蒂的轉念心法中都有所呼應。而更令人興奮的是，也許在不知不覺中，做著做著、讀著讀著也就跟著「覺醒」了。

與脆弱共處，榮獲勇氣

無論從事什麼行業、接受了多少正規教育，或是身處什麼樣的組織環境，只要是渴望看清自己的人生為何陷入困境，不願意繼續被念頭俘虜綁架，想把自己腦袋瓜裡亂七八糟的念頭一一梳理的人，都值得來認識這個極度實用、簡單有效，又能讓自己跳出慣性思考與負面情緒的絕佳心法。

台灣有凱蒂著作的中文版，然而三十多年來，在世界各地靈修中心學習的經驗告訴我，由於東、西方的文化差異，以及閱讀譯作常出現的文化距離，加上親自見證學員因學會轉念，生命變得更輕鬆、心智更健康，因此，我決定寫一本屬於華人的「轉念」專書，除了以簡單明瞭的方式介紹凱蒂的概念，並詳細拆解轉念功課的步驟，對於一般容易產生誤解的地方予以提醒，同時加入日常生活情境常見的實際案例。

感謝身邊的親朋好友，特別是多年來陪我一起成長的學員，願意提供自己或周遭親友面臨的難題，讓我能用以借鏡，幫助讀者從惱人、糾纏不清的諸多念頭中跳脫出來，進而展開更為清明輕鬆的人生。

閱讀本書的過程中，邀請你一起練習。我們每個人的生命經驗都不同，遇到的難題，以及可能引發的內在情緒自然也不同，如果光是看書，沒有實際著手練習，很可能錯失分辨自己困難所在的機會，如此一來，那些讓自己精神耗弱的根源，很可能繼續在暗處牽制我們。

對某些人來說，轉念功課不是一件容易的事，特別是初期。

彼得這位年輕學員在美國住了將近十年，抗憂鬱症藥物吃了九年，長期接受諮商不但沒讓他的精神狀態好轉，反而心裡藏著強烈的挫敗感。在我們三天的課程中，他告訴我，每到上課時他好想揍我，因為我害得他頭痛劇烈，但他也非常清楚，似乎只有我能幫忙他面對他的問題。

彼得是一位相當優秀的年輕企業家，卻從未原諒父親年少時的荒唐，心中長期的憤恨，演變成今日憤世嫉俗、自我否定的生命態度，事業裹足不前、感情游移不定，使他飽受精神折磨，長期以來必須靠藥物才能支撐下去。

是的，當我們抱著某些負面信念長達一段時間，生命自然會以其為主軸，建立起它的王國。例如，「我是不負責任的傢伙」或是「我不值得信任」的聲音，特別會在諸事不順或夜晚來臨時，默默啃食我們的靈魂，當我們的精神特別耗弱時，不假思索就相信了。

彼得跟著我一步步驗證腦袋裡的信念，一而再、再而三的檢視，最終才發現，他長期所相信的信念都不是真的，只是一種慣性的思考和認定。而那些聲音不但過時，同時對他想建構的未來完全沒幫助。

結業前，他說：「老師，看來我以前吃的那些藥都是白吃了。」

半年後，我收到彼得即將結婚的消息，後來，他送給未婚妻的禮物就是請她來上課，因為他已經能偵測到損人不利己的念頭也在某些時刻爬進未婚妻的腦袋。我很慶幸能為他們夫妻扎扎實實的奠定幸福的基礎，事隔多年，近期看到的照片，都是一家四口喜洋洋的全家福。

轉念功課對於改變信念很有幫助，然而最怕的是，有工具卻不肯用。就像我們也許聽過有人生氣時會說「我寧願死也不原諒他！」之類的話，主要都是因為不看重自己的生命，也不重視自己的價值。對這樣的人來說，無意識的自我憎恨，就會導致即使有好方法和工具可以改變現況，卻也懶得嘗試，只因心裡徹底抗拒幸福與快樂。

「沒有用啦，江山易改本性難移！」

其實，「不是沒有方法讓自己更好，而是不想讓自己好過。」這話聽起來挺刺耳，卻也有幾分真實。

不過，我相信這不是你，否則你也不會打開這本書。你我都是渴望成長的有心人，為了避免霧裡看花，希望你能承諾陪我到底，我們即將一起面對那些跟隨你多年的負面情緒與念頭。主要的挑戰來自於，那些「念頭」一向讓人覺得很真實，否則，怎麼可能讓人受苦？

只要願意看著書，一步步跟著練習，最後一定會懂，而且完全了解，屆時就能體驗「撥雲見日」的喜悅。在實體教室中，我會用盡十八般武藝讓學員跟著我一起前進，但現在書在你手上，擁有百分之百的主動權和選擇權的是你，最終的結果由你決定。

何不一起慢慢練習，讓這本書連結你、我，以及周遭的世界，也讓參與本書的每位朋友，從不同的時空一起加入，支持我們領悟獨到的個人成長。

二〇二〇年，我在《我想跟你好好說話》一書中，用了一整個章節探討同理心，有人說「同理心」不就是換位思考嗎？我的答案是：No！

如果我們對自己很殘酷，即使換位到對方的立場去想，還是很殘酷，不是嗎？因此，同理心絕對不是換位思考。很明顯，有時候不換位還好，就是因為一些似是而非的想法，加上自以為是的性格，從此便展開了一場殘酷的悲劇。

所以，同理心的培養絕對是要從「善待自己」、「同理自己」開始，而轉念功課讓我們可以好好認識自己，看清楚我到底是一個如何對待自己的人。

進入下一個章節之前，我想針對下面幾句話做一番核對，看看這些聲音對你來說有沒有共鳴？更重要的是，它是不是真的？

一句一句慢慢來，不急。請在讀過每一句之後，閉起眼睛，做幾個深呼吸，心裡最少默唸三次，每一次都讓聲音在心裡沉澱一下，甚至如果曾發生什麼事，引發過類似的念頭或負面感受，請藉此機會和心裡的肇事者或事件連結一下，沉思幾秒鐘後，再問自己：「真的嗎？」然後坦白寫下心中冒出來的答案：「真的」或「不是真的」。

切記，這裡沒有好壞對錯，只是單純對湧上來的聲音據實以報。

◆ 我的身材不夠好。（閉起眼睛、深呼吸、默唸三次）——真的嗎？

◆ 我需要更多錢。（閉起眼睛、深呼吸、默唸三次）——真的嗎？

◆ 改變好難。（閉起眼睛、深呼吸、默唸三次）——真的嗎？

◆ 我需要別人的肯定。（閉起眼睛、深呼吸、默唸三次）——真的嗎？

◆ 我怕老了會很孤單。（閉起眼睛、深呼吸、默唸三次）——真的嗎？

◆ 我需要有人愛我。（閉起眼睛、深呼吸、默唸三次）——真的嗎？

◆ 他不應該辜負我。（閉起眼睛、深呼吸、默唸三次）——真的嗎？

◆ 我好可憐。（閉起眼睛、深呼吸、默唸三次）——真的嗎？

◆ 人生好苦。（閉起眼睛、深呼吸、默唸三次）——真的嗎？

◆ 我不能讓人瞧不起。（閉起眼睛、深呼吸、默唸三次）——真的嗎？

◆ 都是他的錯。（閉起眼睛、深呼吸、默唸三次）——真的嗎？

◆ 都是我的錯。（閉起眼睛、深呼吸、默唸三次）——真的嗎？

現在請深呼吸，抖動一下身體，給勇敢的自己一個大大的擁抱。要承認前面任何一個聲音都需要很大的勇氣。如果在課堂上，這時候我就會播放輕快的音樂，讓大家跳跳舞、喝喝咖啡，身心放鬆放鬆，感受一下面對內在脆弱的勇氣。誠如布芮尼．布朗（Brené Brown）在其著作《召喚勇氣》（*Dare to Lead*）裡提到的：「不與脆弱共處，就無法獲得勇氣。」剛剛的練習就是我們與脆弱共處、榮獲勇氣的最佳寫照。

第二章

轉念功課基本概念：質疑你的念頭

以往曾在影片中看過德高望重的出家師父，耐心回答小和尚各種稀奇古怪、大大小小的問題，後來自己也親身參與了和修行人在求道過程中，相互應答討論的情景。慢慢知道，那是禪宗修行的方式「看頭禪」。所謂「看」，又叫「參」，有觀察守護的意思，又稱「內觀」，是禪宗極具代表性的法門之一：「參話頭」。

「話」是指語言，「頭」是指根源，「話頭」是對生命問題的追根究柢，有人說是「一念將生未生的當下」。修行人經常用這個方法來打破頭腦思維的慣常邏輯，直到領悟出語言文字在未形成之前的本來面目。當「話頭」出現，內心因疑惑而起的不確定感，會讓人更迫切想知道答案，而那種發自心靈深處，想要追根究柢的強烈意向，就是「參」。

對修行人來說，參話頭往往是從疑惑開始，因為念頭不停在腦海流竄，使我們很難平靜下來，也因為人與生俱來的好奇心，更讓我們想要看清楚、弄明白，那些念頭到底是怎麼發生的？而參話頭就是透過對話與探索，進而觀察念頭的根源。到底是誰在起念頭？又為何有這些念頭？換句話說，參話頭就是讓自己跳出當下混亂的思緒，去看清楚念頭的起起落落、莫衷一是的本質，進而可以不被念頭左右的解惑過程。

我相信，除非平常對佛法有接觸和研究，否則對剛剛這一段描述應該會覺得生硬難懂。我想說明的是，轉念功課其實非常東方，它和「參話頭」之間的關鍵相應之處，在於「如實觀照我們的念頭」。

上一章最後的練習經驗如何？當問自己那些問題時，心裡有什麼感覺？有什麼樣的答案？

◆ 我需要更多錢。——真的嗎？

◆ 我不能讓人瞧不起。——真的嗎？

如果答案為「不是真的」，便可直接略過，表示那句話目前對我們來說並沒有什麼制約，但卻也不表示會永遠如此。切記，念頭沒有好壞對錯，之所以存在有它一定的道理，但如果長期以來，在我們的信念系統裡認定那是負面的，就可能會影響我們的情緒，甚至影響生命品質。說穿了，任何負面念頭都是一個大好機會，讓我們好好檢視自己的生活態度與生命狀態。

這樣說好了，我們正在做腦內清理的偉大工程，洗滌那些久了、臭了、鏽了，阻礙我們過得幸福快樂、自由暢快的念頭。

轉念功課用來幫助我們探究真相，讓我們看清楚憤恨、困惑、焦慮、害怕、不屑、阻礙、擔心……這些阻礙我們自由翱翔的情緒之背後真相。想想看，這會是一件多麼有意義的事？

我們即將培養出清理自己腦袋的能力，從今爾後，一直以來糾纏不放、對身心靈健康沒有幫助的思緒，都能一一清空。這是多麼令人暢快、喜樂的事？聽起來不就是「狂喜」嗎？怎麼可以不慶祝？

自此，我們的生活將會有大大的轉變，因為就算有了困擾，也沒問題，這表示我們即將經歷一段旅程，最終結果是得到豁達與自由。困擾愈多，相對帶來的喜悅愈頻繁。今後我們不再是被負面念頭綁架的受害者，而是奮勇營救自己的英雄。

他不笨，我也不蠢

二十年前，在接觸轉念功課後，腦袋從此變得聰明、開闊了。單單是斷絕無意識咀嚼負面思維的這個習慣，就為我迎來了廣闊無垠的清新空間與世界。

簡單舉個例子。

一發現有批評的心念出現，我的腦袋自然會冒出：「真的嗎？」「他怎麼這麼笨？」隨之而來的「真的嗎？」有如當頭棒喝，立刻把我從自己即將架構的故事中喚醒，說不定還能幫自己躲過一場自取其辱的災難。如果頭腦繼續繞著這個聲音打轉，甚至加油添醋，我們的情緒在不知不覺中，就開始受到自己念頭的激化和影響。

在此強調，本書的重點在於「念頭」，不會在「情緒」上多著墨，以免模糊了焦點。就算提，也僅是點到為止。有些心理學派的人認為「轉念」太過理性，忽略情緒、情感層面，我可以理解這樣的論點，然而，如同之前提到的，西方心理學和東方哲學思維各有巧妙之處。而對身處東西文化交融的台灣來說，能有如此豐沛的資源供我們吸收領會，無非是一種福祉。

回到念頭上，我們來看事實是什麼？

相信我們都看過這樣的場景。有一方對著伴侶說：「你怎麼這麼笨？」對方回應：「對呀，不笨怎麼會嫁給你？」如果對象是子女，子女可能會說：「對呀，你生的、你養的！」面對迎面而來的回答，第一次聽到肯定會面紅耳赤，甚至火大。為什麼會火大？因為那都不是事實；對方並不笨，只是想的和自己不一樣，而自己也不蠢，也曾多方設想過，也盡力了。

「笨」是一種含糊籠統、帶有偏見的投射。當一句「真的嗎？」上來時，即可打散那僵化、自以為是的執念。一句質問的話語，足以讓腦袋斷念，騰出空隙且能夠理性、適當的做出回應。我們能做的也許是先來個深呼吸，回神想想對方曾經做過哪些讓我們喜悅、讚嘆的事。腦袋清空了，接著才有能力選擇一個開放且多方都可以成長的有效方案，有人稱之為「智慧」。

每天每天，無時無刻都有很多念頭不斷在腦海升起，一個又一個，沒完沒了，而這些念頭就在這不知不覺中，變成了我們的人生信念，正因為植入價值體系太久，又深信不疑，所以在解讀或回應這個世界時，就習慣性的透過「濾鏡」，來篩選或分類所有進入我們認知體系的事實。

也因此，當看到所謂的「事實」，往往都已經是被扭曲或經過多次篩選的結果，而這些被大腦自動篩選後所形成的結果，十之八九，都與眼前的「事實」有著或多或少的落差。我們把這些「偽事實」視為絕對的真理，以它來檢視這個世界，即使解讀出來的結果讓自己苦不堪言，卻也無法脫離這個透過「濾鏡」所編織出來的世界。

一方面深信腦中的藍圖，卻又心有不甘，總想活出不同的生命樣貌，又不得其門而入。於是就在積極、消極、憤怒與無力之間來回擺盪。其實，問題並不難解，只要了解頭腦的本質，重新檢視已經過時不適用的謊言，很快的，那些促使我們痛苦掙扎的聲音，在頭一甩的當下，即刻成為引領覺醒的召喚。

對於痛苦這件事，我的經驗告訴我，很大的關鍵在於——我們太過相信自己的負面思維。這不是我說了算，幾千年來東方哲學在在提醒我們「空即是色、色即是空」。想想，這個世界既有空又有色，可否選擇自己的空，自己的色？又或者，哪些是我要的色？哪些又是我要的空？可不可以我說了算？

說到這裡，面對著電腦我突然笑了起來。記得很多年前在北京和先生的同事談到轉念功課，聊了一會兒後，他突然噗哧一笑，吐著戲謔的鼻息說了一句：「這不就是阿Q精神嘛！」語氣雖然輕鬆，卻也實實在在下了一個他對「不再痛苦」的定義。

很耐人尋味吧！一個可以助人快速從痛苦中解套的方法，會被解讀為阿Q？我沒讀過魯迅的《阿Q正傳》，也從來沒如此形容過一個人，雖然只是下午茶隨口聊聊的話題，卻也值得細心琢磨。

解讀這個世界的視角不計其數，為何要死守讓自己既痛苦、又極度想掙脫的信念？如果可以選擇，你會選擇哪個？一個是證明自己是對的，即使帶給自己滿腹牢騷與痛苦；一個是讓自己感受人生充滿希望與感動。

我們曾經在某天為了某個事件，決意為自己僵固的腦袋找一條出路，不想再鬼打牆撞得頭破血流，心念一動，奇蹟就出現。就在那個機會點上，我們可以從閱讀中領悟到原來念頭根本不可靠，或者說，念頭只是成千上萬的可能性之一。一旦有個念頭引發了內在的負面情緒，在關鍵時刻，請靜下心來仔細端詳、好好探究，看看參過話頭之後的自己，會是什麼樣的樣貌。

說不定，轉念間就能瞥見幸福。就像上一章提到的年輕企業家彼得，當他離開教室的那一刻，說什麼也不敢想像在短短幾個月內，便實踐了將近四十年來未曾奢望的夢想——擁有幸福美滿的家庭。

放過自己，讓愛發生

認識我的人都知道，我時常讚美先生的為人處事與品格，然而，在兩個人的相處上，還是有一些小事件可以用來做轉念功課。

當初事情的起源是什麼我也不記得了，但我清楚記得，他皺著眉頭，語氣堅定的說了一句：「我覺得我已經對你夠好了！」這句話雖然是事實，但乍聽之下為什麼會讓人不舒服？

也許是太習慣去聯想對方的弦外之音，便把自己往「沒有價值」或「不值得擁有更多」的想法上推進。字面上看來，先生表達的是「我對你很好」，但聽到我耳裡的卻是「我已經對你夠好了，你還廢話什麼？還想要求什麼？」想想，當下如果我是抱持著這樣的想法回話，接下來會是怎樣的場景？應該是一場熱戰或冷戰吧！

這時候，我停下來問自己：「他不應該覺得自己已經對我很好了，真的嗎？」我愣了一會，接著噗哧一笑，肩膀一鬆。

幾天之後和先生坐下來聊，我說：「希望你不會因為覺得對我已經夠好了，就不再對我好，那我會很難過。」可以看得出他臉上的尷尬，他知道那一天說話的當下是有情緒的，卻也不知如何轉圜，既然我提了出來，他當然順勢帶著歉意笑笑的說：

「我當然會一直對你最好！不對你好，對誰好？」

學過轉念的最大斬獲是，當情緒上來，選擇不做情緒反應，先找到腦子裡的關鍵聲音，等念頭轉好了、腦袋清楚了、心情平復了，沒了嫌隙時再開口，這個時候，選擇理性或感性回應都行。經驗告訴我，這是親密關係一洗芥蒂最好的抉擇。

美多兩年前開始學習轉念，起初她看到同學們一下就有很多心得和大家分享，自己卻無法運用自如，甚至不覺得轉念有大家講的那麼神奇。每回聽其他同學談得興高采烈，總覺得格格不入，然而秉持一貫認真的態度，她對自己承諾，一定要找出個所以然來，好好練習四個提問與反轉。

首先，她發現，自己的腦袋居然藏著那麼多的「應該」、「不應該」。每天上班，看到同事晚個幾分鐘進公司，她就想：「上班應該要準時！」看到公車上有人沒讓座給孕婦時，心裡就OS：「年輕人應該讓座！」聽到媽媽咕噥著膝關節不適，她就跟媽媽說：「你太胖了，應該減肥！」……一個又一個「應該」這樣、「不應該」那樣，每當自己認定的標準沒有被達成，腦子就持續喋喋不休。她開始意識到腦海那些此起彼落、川流不息的念頭，讓她長期處在憤世嫉俗的氛圍裡。

她希望改變。第一個目標，就是先把思緒裡的「應該」從自動系統裡刪除。

一開始美多相當痛苦，幾乎每天都在撞牆，整個人好像無時無刻都需要轉念。本來就容易動怒的個性，這下子更是充滿不耐與不爽，從早到晚心浮氣躁，但因為已經跟自己下了承諾而不得不堅持到底。既然不願意半途而廢，只好繼續在不爽和不耐煩中自問自答。

其實，美多最揪心的是對父親的不滿。一直以來，她始終覺得父親相當固執，從來不接受別人的意見，甚至根本就聽不進別人說的話。家中大小事都是由父親說了算，只要不順他的意，就動輒大聲叫囂、罵人，家裡的氣氛相當緊繃，每個人都戒慎恐懼，深怕一不小心又惹他生氣。美多一心認為，父親應該為這些年來帶給家人的傷害和壓力，向全家人道歉。

第一次談到父親時，美多的身體和表情都相當僵硬，她堅信全家人都是因為父親的專制和固執而飽受煎熬，即使每個人都對他百般忍讓，他還是不滿意；即便學了轉念，美多壓根不相信有一天能擺脫對父親的不諒解。

她深信，父親「應該」改變，「不應該」繼續做他自己。

在工作坊中，美多怎麼樣也不肯放掉對父親的批判，為了讓她直接體悟她是如何緊緊抱著怨懟不放，我採取了戲劇治療中「角色扮演」的方法。在此說明，平常課程中，我會針對每位學員不同的議題，用不同學派的方法切入。針對美多的執念，我希望她能看清楚，堅定不移的信念才是她受苦的主因，也希望她親身經歷一旦脫離煎熬、徹底放手後身心可能得到的輕鬆。於是，我讓一位學員扮演「爸爸很固執」這個「信念」。

起初，美多百般不解，明明是爸爸頑固任性的行徑，搞得家庭失和、雞飛狗跳，問題怎麼會出在自己身上？是爸爸那死命不改的個性激怒了她，這有什麼好懷疑的？

我讓扮演「爸爸很固執」這個信念的學員，緊緊抓住美多不放，美多死命掙脫，拚命想撥開那位學員的手，好不容易撥開了右手，學員的左手馬上搭上來，美多使盡力氣把學員的兩手甩開後，學員的腳又勾住美多的腳，就這樣，這位代表「爸爸很固執」信念的學員一直纏著她不放，無論美多怎麼扭動身體，就是無法擺脫。

突然，我喊了一聲：「放手！」學員倏的鬆開手，美多這才停下來，重拾平靜。當下她見證了腦袋裡的狂亂與掙扎，一陣委屈湧上心頭，悲傷的哭了起來。她這才意識到，幾十年來讓自己喘不過氣來的，正是那些認定父親「不是個好爸爸」的念頭。這個聲音已經跟著自己太久了，她覺得好累、好累、好辛苦，畢竟，父女仍然生活在同一個屋簷下。

「我爸爸『不應該』如此狂暴，他『應該』像別人的爸爸一樣和藹可親。」從那一天起，美多一直以來深信不疑的「應該」漸漸瓦解了，她開始質疑腦海裡的每一個「應該」，別人「應該」按照我的想法過生活，真的嗎？

經由課程的引導，美多領悟到過往不曾看到的層面，現在的她選擇直視過去編織的幻象。曾經自以為是的「應該」，在貶抑他人時顯得何等強而有力，如今經過幾句參問，卻如此不堪一擊。

轉念對某些人來說格外困難，特別是和原生家庭成員還有心結或衝突的人。課堂中，我經常讓學員有一些情緒釋放的機會，當身體柔軟了、心柔軟了，腦袋自然也跟著變柔軟了。當看到自己長期疲憊、拉扯、煎熬的身心，當看到自己如何背離自己的心願，當看到了自己如何忽視身心平衡與健康，此時，轉念特別容易。

我們終將領悟到，原來隱藏在怨懟或憎恨的背後，是一份對愛的渴望和絕望，是一份來自長期被所愛的人忽略的抗議。那種既愛又恨的情仇，常常依附在我們最難割捨的家人身上，而那些緊抓著負面信念的習性，常常是一種無意識的自殘。

一旦明白了真相，一旦選擇放手、一旦決意善待自己，那個從心靈深處所誘發出來的「算了」不全然是一種無奈，而是一種願意接受如實的「了然」，隨之興起的常常是一種如釋重負的「輕鬆」，這樣的輕鬆，常常就是我們所謂「放過自己」、「愛自己」的開始。

當愛發生，種種因等待所衍生出來的不耐煩、委屈、不屑，自然會像骨牌一一倒下，此時把領悟到的柔軟、溫暖轉移到他人身上，不只是同理心的展現，更是一種「慈悲」；從決意要疼惜自己、同理自己、善待自己的覺醒開始，推己及人。

想多了解與原生家庭和解的議題，可以上網看看我在 TED×Taipei 的演講影片《找一條回家的路》，以及我之前的書《回家》，都有深入的敘述。

課程結束一段時間後，美多再次聊起這件事：「我從來沒看到自己的固執，我一直認定我爸才是固執到不行的人，這些年，如果任何人想勸我不要那麼生爸爸的氣，我不是當場反駁，就是起身走人。但現在我發現原來真正固執的人是我，不是他。」

我說：「看到自己身上有爸爸的固執，也不需要批鬥自己，念頭自然有它存在的道理，固執也不全然都是不好的。來，說幾個固執為你帶來的好處，我聽聽看。」

美多看看窗外，回頭對我說：「從小到大，我就是一個很能吃苦、也很有毅力的人，我想做到的事，或是覺得正確的事，就算其他人都不認同，我總是能堅持下去，這或許是受我爸的影響吧！」

我深深吸了一口氣，說：「一直以來，當你在指責爸爸時，無形中，也在批評自己。你不接受爸爸的部分，很可能也是你不接受自己的地方。既然學了轉念，先放過自己，放掉讓自己不快樂的念頭，看看有沒有一些新的可能性可以進來。」

美多往椅背一靠，釋然的笑了：「我總算看清楚，原來自己以前那麼偏執，老是覺得身邊的人怎麼都那麼頑固，現在總算明白，原來真正偏執又頑固的不是別人，是我自己！我要學著放過自己才行，以前別人說我頑固，我都覺得他們莫名其妙。」

「過去你討厭爸爸，緊咬他的缺點不放，現在發現原來自己身上也有同樣的特質，甚至比他還頑固。其實，複製父母的行為，常常是深愛他們的表現。」聽到這裡，美多的眼眶紅了起來，她已經許久不願意承認自己還是很愛爸爸。多年的敵意，其實源自於心底深處的在乎。

有了這些體悟，美多更堅持要在生活中繼續練習轉念。現在只要意識到「我最近狀態不好」，或是「看路人很不順眼」時，就會提醒自己：「我現在雖然是這個樣子，但是上個月不是。我知道什麼時候自己的狀態不好，不過沒關係，我也知道我會好起來。」由於出自內心的清明，不是迷惘盲目，因此她不再擔心，即使意識到自己當下身陷低潮，也能對自己說：「只要持續轉念，低潮終究會慢慢過去。」

任何一個傷害自己的念頭，都值得「參破」

從小到大，家庭、學校、社會不斷告誡我們，不要有任何負面情緒，說那都是錯誤、糟糕、不可取的。然而，現代科學證明，能意識到自己的不滿、沮喪、憤怒、焦慮等情緒，才會健康。神經元是我們感知世界的系統，是監測人、事、地、物的探測器，而情緒就是我們的生理、心理對周遭環境的直接反射。忽略感受，導致我們不得不麻痹自己的情感，壓抑自己的情緒，否認自己的感受，長期下來不但變得更不快樂，同時讓人在不知不覺、不明不白中變得冷酷、憤世嫉俗、尖酸刻薄。

關於「負面情緒或念頭是調節身心的重要指標」這樣的概念，在我們整個社會文化或家庭教育裡，從未倡導過。這讓人對所謂的「負面」產生了高度否定的態度，就更別說要提供餘裕從中探索。現代人為了要符合社會的期待，急於變得「更好」，長期養成催促自己、逼迫自己的習性，造成內在的「真實我」與「理想我」之間長期的嚴重拉扯與分裂；而最讓人不知所措的，是這個「理想我」的標準隨著時代改變，不斷在調整。

這的確是現代人面臨的最大挑戰，但是，這也是為什麼我認為轉念功課值得推廣，因為當我們有了一套可以參透所有負面情緒或念頭的工具與知識，就算腦子再度湧起批評和抱怨，我們都能輕鬆以對，再也不需要否定或逃避，也因為我們開始懂得善用負面情緒和念頭，就知道它們本身真的沒有問題。

這一刻，我們將學著虛心領受「負面情緒」帶來的智慧與契機，正是這樣的淬鍊，讓我們的心胸變寬闊，精神變偉大，生活變精采。

面對負面情緒，我們通常有兩種處理方式：

一、怪罪他人，責備他人「活該」。
二、怪罪自己，苛責自己「無能」。

關於第一種，我就不多說了，相信我們都有很多經驗，反而是第二種，由於太習以為常，反而很難意識到「自我苛責」的存在，但這卻是許多人不快樂的主因。譬如，我們常常對自己說：「哎，書都讀了這麼多，課也上了這麼久，又吃齋唸佛、上教會每天禱告……這些年苦行修練，不早該看透人性，了然於胸嗎？怎麼還在受情緒影響？」想著想著，對自己愈來愈失望，甚至厭惡自己的吹毛求疵。

其實，這些無疑是對自己嚴苛荒謬的指摘。再次強調，所有身心的不舒服、不悅，都是一種對自己的呵護，目的是要我們停下來檢視一下，做有益身心的調整。

敏銳的感官是必要的。負面情緒是在警示我們的世界「出狀況」了，提醒我們趕緊釐清問題。任何的情緒反應都是生存的必要線索，否認情緒，等同於否認問題。我們要了解，情緒至關重要，關注情緒至關重要，承認情緒至關重要。接下來，我們要做的就是找到誘發情緒的主要信念，進行解開枷鎖的功課。枷鎖一解開，情緒自然會穩定下來。

當心情平復，不疾不徐，腦袋自然會變得聰明又有效率，發揮最好的功能，也能騰出空間讓人得以沉澱，做出有益身心的理性規劃、調整和改善。另一個重要關鍵是：相同的念頭會「一再」回來，而我們也會「一再」相信它，只因為對該念頭太習以為常，這是在所難免的事。而我們要做的是，運用轉念心法一次又一次的參問：「真的嗎？」

學生問我：「什麼樣的念頭不值得相信？」以東方的宗教哲學說法，我會說：「沒有一個念頭值得相信。」念頭來來去去，現在我愛你，明天我恨你，今天相信吃牛肉對身體好，明天相信吃牛肉業障太大。總之，念頭只是對當下的投射，念頭確實存在，但值不值得信任卻又另當別論。

二十多年前，一次當志工的機緣，我曾慎重考慮領養一個一歲左右、雙臂截肢的女娃，看她聰明可愛的模樣，我好希望能提供她一個完美的家。然而，我也曾在遭受他人莫須有的指控與羞辱後，超想找黑道把對方的腳筋砍斷。試問，哪個念頭值得相信？終究，念頭來來去去，那是念頭的本質。

然而對很多人來說，這樣的說法可能引起更多的疑惑。因此針對轉念來說，相對具體的問題會是：「什麼樣的念頭需要轉？」依照凱蒂的說法，同時也是我認同的說法是：「凡傷害我們、帶給我們痛苦的念頭，都值得轉。」念頭的本質是來來去去，生生滅滅。因此，針對那些傷害我們、困擾我們，而且賴著不走的，就應當仔細研究。

一旦看清楚念頭本質的虛幻與無意義，內在的清明自然會讓那些損人又不利己的念頭回到它該去的地方，也就是所謂的「空無」。那些一直以來深藏於心中的不愉快記憶所投射出來的論斷，針對當下來說意義不大，充其量只是源自於不開心的經驗，根本與眼前事件無關，因此，所有的負面念頭都值得一一參破。轉念功課，是一個能幫助我們身心得到自由的方法。

對美多來說，父親做過什麼並不重要，我也不需要知道她父親到底做了什麼導致她今天的不滿。我也絕對相信，她有足夠的理由來支撐心中的怨。對我來說，「念頭的內容」合不合理、是否合乎道德、有沒有正當性不是我們要探討的，又或者信念是好是壞、是對是錯，也不是本書要討論的方向。

要不要把某個念頭轉掉，只是很單純的取決於念頭是否帶給自己不悅或壓力？是否引動負面情緒？不需要考慮信念的資訊是否可靠、是否合乎社會價值，或是否符合個人的道德觀點。

一巴掌把我打醒了

很多人剛開始接觸轉念時，對於「念頭」的不可靠，還不太能理解，畢竟，「念頭」一向是我們用來評斷這個世界的指標。旁人的一句話或一個動作，是善意、惡意或別有用意，往往是根據我們腦海冒出來的想法，說到要開始質疑自己的念頭，對很多人來說，是一件無法理解或困難的事。

敏儀是新進學員，她提到有一次和一個不熟的人對話，對方講話聲音又大又急，她不自覺整個人變得緊張又焦慮，甚至擔心起對方會不會突然一巴掌甩過來，導致後來的對話，她都陷在自己可能被打的想像和防禦中，根本聽不進對方說的話。然而，從頭到尾整場對話下來，對方也只是嗓門大了點，根本沒有什麼想動手打人的跡象。結論是，敏儀發現自己腦海裡搬演了半天的戲碼，擔心突然被打一巴掌的焦慮，全都是莫須有的想像。

我向敏儀說明，就算真的吃了一記耳光，也只不過是「啪！」一聲就結束了。一巴掌甩下來的時間，零點幾秒，很快就過去，但事後反覆回想的畫面，才是讓人苦不堪言的主因。每想一次，就像挨了一次又一次的耳光，甚至可能會心如刀割，伴隨而來的是一句氣憤難平的「他憑什麼打我！」

要知道，當事過境遷，每每引發我們痛苦的是念頭，是腦海裡的「他憑什麼打我！」而不再是那一記耳光。事件本身老早已經結束，耳光不再存在於現實，是信念，是腦海一次又一次上演的畫面及聲音，讓我們繼續百般受苦。

敏儀還是不明白，雖然被打的皮肉痛不需太久就會消失，但行為所帶來的創傷或精神恐懼，絕對不是短時間就可以弭平消除的。

我繼續說明，讓我們受苦的不是某個人「打了我耳光」這件事，而是「他怎麼可以打我耳光」這個念頭。

我和敏儀分享我的故事。

我是演員，曾經向法國國寶級戲劇大師菲利浦．高利耶（Philippe Gaulier）學習小丑表演，也接受過巴西小丑劇團的訓練。對表演的喜好從小學一年級就展現出來，雖然參與的演出不多，但戲劇一直是我情緒紓壓的最佳管道。我也曾經跟隨澤爾卡．莫雷諾（Zerca Moreno）學習，她與夫婿雅各布．莫雷諾（Jacob Levy Moreno）聯手創立了心理劇。

小丑有別於其他戲劇表演，這角色充滿衝突、挑戰與驚喜，當一切都順利，就不會有他的立足點。小丑的特質本來就是笨拙、滑稽又愚蠢，如果有人打了小丑的左臉，小丑非但不會生氣，還會爽快大方的送上右臉，在戲劇表演中，為了博君一笑，小丑總會把自己整個送上去任人打罵，即使吃盡苦頭也不以為意，甚至還笑意盈盈。

有一回，在巴西老師帶的課堂中，學員兩人一組面對面，站在我面前的是一位還在讀研究所的女生，比我女兒還年輕。即使知道正在進行訓練，她對我還是很恭敬。這時老師宣布，接下來要做的是面對面打耳光的練習。

剛開始，年輕女孩根本不敢打我，雖然上課時我以學生自居，但學員都叫我老師，可想而知她怎麼下得了手，我的年紀都可以做她媽了。我告訴她，沒關係，這只是練習，來吧，我不會介意。

她還是下不了手，直到我再三鼓勵。畢竟她也是為了學習而來，我自己也是老師，當然希望學生能得到最好的體驗與學習，請她勿手下留情，別想太多，以免錯失學習機會。經過一番說服，小女生才勉為其難的給了我幾記耳光。

第一記打過來，天啊，記起小時候被老師打耳光的經驗，當下面紅耳赤，生理反應全上來了，心裡滿腹委屈，甚至覺得「我在這裡幹嘛？我是賴佩霞耶！」聽到腦袋裡各種質疑的聲音，有惱火，有心酸，有尷尬，有不知所措。接下來，念頭一轉，「我不是來學新東西嗎？出糗、被K、被取笑不就是小丑表演最重要的部分嗎？我在想什麼？」縱然沒有即刻欣然接受，卻也放下了抗拒。

接下來，有趣的事情慢慢發生了。無論對方怎麼打我，非但沒有絲毫的不悅，還覺得挺有成就感的，我從來沒想過自己竟然有這樣的一天。從來未曾如此有意識、有覺知的被人甩耳光，我甚至還提醒自己要好好感受，把握機會，因為這樣的機會不會太多，今天算是一生難得的體驗了。

感覺看看，被打耳光就是熱熱、脹脹的而已嘛，沒什麼大不了！這是我主動邀請別人給我機會，所得到的特殊體驗。接著，我們又和別組成員互換對手，前前後後估計挨了二十個巴掌跑不掉。

小時候好像被媽媽打過巴掌，印象不深，但有次被小學老師當眾賞的那一巴掌卻無法忘懷，長大後我深信，這世界上絕不可能有人再賞我耳光。然而小丑課程中，面對一個又一個的巴掌，因為我採取不同的解讀方式，使得我可以快速撇開尷尬與委屈，透析「念頭」的個中道理，選擇用怡然自得的心態面對眼前發生的事。

過程中，我清楚意識到，念頭的設定一旦改變，那些原以為絕對不准別人做的事，居然逆轉為一種奇妙的經驗。坦白說，事隔多年，我完全不記得其他的課程內容，只記得自己被打得很慘，卻也十分超然。

在等待拍戲的片場中，我和從歐洲學成歸國的年輕女教授閒聊，說著說著，她含著淚水、滿腹委屈告訴我：「我已經五、六年沒有回家了。」

「為什麼？」

「當年太陽花學運時，有個晚上我們全家坐在客廳看電視，我和我爸意見不合，我回了他幾句，就吵了起來。他氣憤的打了我一巴掌……從小到大，他從來沒打過我，那是第一次，我好難過，從那一天開始，我就再也沒有跟他說過話，後來我就出國唸書了。」

「哎！相信他一定很想你。」謹守諮商師的分際，我沒有多說什麼。

否則我會接著問：「爸爸不能打你，真的嗎？」

現在我想邀請你，回想一下自己的經驗，也許曾經有人打了你，或數落你，請閉上眼睛：

問問自己，痛苦是來自於「被打耳光」這件事，還是「他不應該打我」這個念頭？

問問自己，痛苦是來自於過去的「某句話」，還是「他不應該那樣說」的念頭？

說到這裡，敏儀似乎開始明白了，她說：「只要我認定『不應該打人』，如果被打了我就會生氣，但是我沒有『不應該打人』的念頭時，就算被打，我也不會生氣，甚至還會開心。是這樣嗎？」

「是的，讓人痛苦的是『念頭』，並不是『耳光』。」我說。

「念頭」是大腦裡的故事，不代表事實

我很欣賞細胞生物學家布魯斯．利普頓（Bruce Lipton），他曾在史丹佛大學進行史無前例的幹細胞研究，他深信，只有當靈性與科學結合，人們才會知道如何創造更美好的世界。利普頓投入細胞與基因研究三十多年，得到的結論是：「信念操控生命。」

他認為，人們並非受控於基因，只要能提升意識與覺知力，同時在無意識層面下功夫，就能改掉慣性反應，創造更圓滿美好的人生。

澄詠的孩子大了，近幾年陸續離家讀書、就業，原本一邊照顧家庭，一邊協助先生事業的她，突然多出好多時間，在先生的支持鼓勵下，她報考了研究所在職班，也順利錄取。相隔二十多年後再次回歸校園，她既期待又興奮，沒想到才剛開學報到，

就遇上一些不開心的事。

一天下午，澄詠來看我，提到剛開學時，每堂課老師都會讓學生自我介紹，但是無論哪一科的老師都特別不在乎她，頓時覺得自己很不受重視。

她提到，第一堂課老師問他們每個人從事什麼樣的工作，問到她的時候，卻用開玩笑的口吻說：「你大概是家庭主婦，閒閒在家沒事幹，就想說不然來唸個書吧！」她愣了一下，急忙澄清自己從事大型器械設備買賣，趕緊草草結束話題。事後頻頻想著老師說的話，卻也說不出為什麼不舒服。

換到另一堂課，老師如常要他們一一自我介紹，一樣問到工作情形。輪到她時，介紹完自己後，老師問都沒問直接跳到下一位同學，讓她頗為介意，整堂課一直想著自己為什麼會如此介意？既然學過轉念，便試著來調整自己，不過轉了半天，效果並不好，還是很不開心。

覺得自己不受尊重，因此她問自己：「老師不尊重我，真的嗎？」

開學第一天，老師和同學都是初次見面，雖然自覺被忽略，但她也知道硬要做這樣的解讀，也沒什麼道理，而更重要的是，如果一直想著「老師不尊重我」，一定會愈來愈不開心。她默默問自己：「怎麼了？明明期待重回校園，難道要讓這些小事壞了自己讀書的興致嗎？」

她決定放下對老師的猜疑，卻又開始質疑自己：「為什麼要把老師無心的行為，解讀成不尊重自己的表現？」想了很久，唯一的可能就是不尊重她的不是老師，而是自己。澄詠知道自己長期以來都有自我懷疑的習慣。舉凡和自己有關的議題，心中有不悅的情緒時，做轉念功課的結果，最後都會引導到「我不喜歡我自己」的結論上，這一點讓她很沮喪。

澄詠說，如果是看不慣別人的行為，轉念功課做起來相對容易，可是念頭一旦和自己切身相關，例如像「老師不尊重我」這種念頭，常常就有一種鬼打牆的感覺，好像分析到最後都是自己的問題，都是自己的錯。

因為不開心，才想用轉念來跳脫不舒服的情緒，但轉來轉去，發現無論怎麼轉，都轉到不滿意自己的結論上，答案永遠落在無法欣賞與尊重自己上面。而最讓她難受的是，她知道所有的不爽都和別人無關，純粹是自己解讀的角度，但愈想愈懊惱，完全不想接受這個事實。

我說：「好，我們來看看問題到底出在哪。」

我問澄詠：「你不尊重你自己，真的嗎？」

她沒說話。

「你覺得一直以來你都沒尊重自己，那我們來找幾個你覺得你有尊重自己的事情吧！」我說。

澄詠還是說不出話來。

看著低頭沉默的澄詠，我說：「這樣好了，我來跟你分享一下，平常我觀察到的你，好嗎？」

她點點頭。

「你一向把自己打理得乾乾淨淨、漂漂亮亮，平常都很專注又很有耐心聆聽其他同學的分享。想回校園充實自己，就去報考研究所，你不覺得這些都是尊重自己的表現嗎？讓自己成為理想中的樣子，不就是對自己最大的尊重嗎？」我接著問：「你不尊重你自己，真的嗎？」

聽我這麼說，澄詠睜大眼睛似乎很驚訝，她沒想過這些生活中的例行小事，竟然也和尊重自己有關。「原來，把自己打理得整齊乾淨，繼續完成求學的夢想，這都算是尊重自己。」想到這裡，澄詠原本皺得緊緊的眉頭，終於鬆開了點。

這就是我們日常生活無意識的盲點。

透過澄詠的例子，我們可以直接看到無意識狀態的頭腦如何欺瞞我們，讓我們卡在不開心的情緒中。

她明明很重視生命質量，對自己也很友善，有計畫的架構著人生的幸福藍圖，然而，無意識卻習慣性的漠視這些事實，寧可抱著「我沒有尊重我自己」的念頭讓自己受苦。其實，她相當有自覺，以前常常開自己玩笑說：「哎，動不動就看到內心上演廣告那個孟姜女哭倒長城的悲情戲碼，『我歹命！』好好笑喔！」

無意識一而再、再而三上演著古老的戲碼，洗腦自己，瞞騙自己，寧願相信自己的不足，甚至怪罪自己沒有好好善待自己、尊重自己，彷彿到處在蒐集證據，來向自己證明說：「我就是不配得到最好的對待。」

這讓我想到隱藏在台灣文化裡的「阿信」情懷。當大家都對「阿信」投以崇高的評價，自然就會形成一種群體風氣。或許你也看過，明明有房、有車、有存款、有先生、有小孩、有福氣的女性，卻時時不忘提醒自己充滿缺憾，似乎只有說得出自己的不足時，才有權利爭取更多。也因為如此，向世界宣告自己無憂、無慮、快樂、幸福、自在、安好、輕鬆，似乎變成一種不可取的高調誇耀。

那些信以為真的「念頭」，其實只是無意識裡的古老故事，與眼前的事實未必有任何關聯，甚至截然相反。那些未經檢視的「念頭」，只是慣性運作的內容，也就是一般所稱的「無意識」。它像舊唱片一樣，自動播放著一連串跳針的句子，這也是我們經常感到挫敗、筋疲力竭、心灰意冷的主要原因。直到，真的厭煩了，才願意花心力將它瓦解。

利普頓博士提到，一般人每天最少有百分之九十五以上的時間，都活在無意識的自動導航系統中，受其支配。像開車、騎車、走路這些動作，熟練之後就不需要特別花心思，做起來得心應手，而且，還可以同時和別人談心、辯論或吵架。其他像是刷牙、洗臉、吃飯這些也都不假思索，直接由無意識調控我們過日子。平常只有不到百分之五的時間，會用意識來覺察、感知、檢視這個世界。

這就是極限運動如此吸引人的原因。進行極限運動時，我們的感知力、覺察力、警覺力必須跟著提升，因為攸關性命。身處在這種高度危險的情況，就需要高強度的覺知。如何把這樣清明的意識帶往日常，甚至在與人互動時能充滿覺知，就是我們現在正一起做的事。

想要改變舊習性，就必須帶著意識和覺知不斷演練，直到習以為常之後，自然會變成新的習性。

只有當我們開始懂得善用這百分之五的精力，帶著意識反覆練習，讓新思維受神經元的支持，經過一次次的強化演練，慢慢轉變成一種習性，將它納入無意識裡，成為無意識思維系統的一部分。這個時候，我們不再覺得轉念是一件辛苦的事，只要念頭一動，覺醒即刻發生。

我希望每個有心學習的人，都能在個人的無意識自動系統裡，培養出「瓦解負面念頭」的好習慣。切記，重點在於「不斷練習」，否則，清新的意識絕對不敵那百分之九十五以上舊有無意識的排擠。

想要改變，剛開始就得定下心願，通常都是愈受苦的人承諾愈深，這也是為什麼我對傷痛總是敞臂歡迎、從來不排斥，因為痛苦真的是喚人覺醒的契機。

請帶著覺知定下心來，參問困擾自己多時的無意識思緒，一一拆解，持續練習。先問自己：「真的嗎？這念頭與眼前的事實相符嗎？」

澄詠的例子說明了，遠觀別人的問題時，總是清晰可見，但面對自己的問題卻是一頭霧水，甚至倒因為果。未經開光的腦袋總會在製造問題、解決問題、製造問題、解決問題上面來回擺盪……就決定讓它安定下來吧！而最直接的方法就是把問題寫下來。不信可以試試看，腦袋非常狡猾，它會用很多意想不到的方式開溜，因此，在還沒成為達人前，請切切實實按部就班的寫下來。

我們的頭腦寧願把自己弄得昏頭轉向，不停製造忙碌不堪的假象，也不肯靜下來接受檢驗。想一想，執念怎麼肯輕意就範，承認它壓根就是個幻象？就像固執的人，怎麼可能輕易改觀呢？

然而，只要願意，現在就能收回屬於自己的掌控權。方式很簡單，就是決定「看清楚事實的真相」。因此，執行轉念功課前，先對自己說：「別急著相信自己的念頭！」

我管的是誰家的事

正式進入轉念功課前，凱蒂還有一個非常受用的提醒，單單這樣的參問，如果植入我們的信念系統，生命自然變得清靜、簡單許多，同時讓我們更有效率的採取行

動；有了效率，當然就有活力，

一九九五年，我和好友們去峇里島參加三大身心學派中的「費登奎斯（Feldenkrais）身體訓練工作坊」。結業後，幾個人決定轉往其他飯店入住，好好放鬆幾天。

一到飯店，其中一位好友便熱心到櫃檯幫忙處理住房手續、領鑰匙、行李搬運等事宜。看來原本預訂的房間沒聯繫好，出了狀況，因此，大夥在飯店大廳等了幾小時。我這位好友就一直站在櫃檯前乾等，其他夥伴坐的坐、躺的躺、血拚的血拚、吃東西的吃東西。

我在櫃檯不遠處找了一張藤椅躺下來，時而看看窗外的藍天，時而望望遠方的大海，吹著徐徐涼風，好不愜意。偶爾再轉頭瞧瞧站在櫃檯前的好友，看她忙進忙出，熱心的替每位夥伴打點。好不容易，所有人總算拿到房間鑰匙。

拖著行李往房間走去，我發現情況不妙。

一進房間，還沒放好行李，她便非常生氣的劈頭數落每個人，說我們不負責任棄她而去，只留她一人焦頭爛額的收拾大家的爛攤子，忙得團團轉。言下之意，「只有我在乎，我不做誰做？」

也許場景不同，但我們應當都有這樣的經驗，有時扮演這位好友的角色，有時扮演我的角色，有時扮演那個被指責卻一頭霧水的角色。

這時，最直接可以參問的就是：「這是誰的事？」

練習轉念時，如果學員緊緊抱著執念不放手，凱蒂常常使用的棒槌就是：「你現在管的是誰的事？」自己的事，別人的事，老天爺的事？請問現在你在管哪一樁？

說起來直白，卻也命中要害。

這個問題，在想對別人說出口之前，請先套在自己身上用用看。記得了，良藥苦口，自己要先嘗，如果吞不下去，千萬別認為別人一定要虛心接受。

如果我們有足夠的清明，能分辨哪些才是自己的事，就能把一些平常根本使不上心力的事情做出劃分，然後把心力轉回來放到自己能掌控的事務上——也就是我能負責、該負責的「自己的事」。這時，我們會發現，其實需要做、能做的事還真的不多。

同時也會清楚看到，我們的腦子大多數時間根本都在瞎忙。持平的說，很多事情也只是在瞎操心，除了心煩意亂，實質上並沒有太大的貢獻。真正會做出貢獻的是行動派，捲起袖子，專注於著手達成任務，而不是碎唸他人或抱怨老天爺的人。

聽著好友的情緒宣洩，我們兩人促膝長談了一個晚上，她認知到自己因為是家中老么，在傳統重男輕女的環境下，她總會一邊做事，一邊看著別人在做什麼；一邊希望有所貢獻，一邊又期許得到讚賞的眼光。所以大夥在一旁休憩納涼時，她愈看愈生氣，愈想愈火大，使自己膠著在「都是一群自私鬼」的負面情緒與念頭裡。

如果當時能釐清自己的事，或自己想做的事，相信她的心情、心態、情緒上自然會有很大的不同。那一天之後，我看到她慢慢不再為自己的選擇叫屈，而在一旁相伴的朋友也覺得輕鬆許多。

凱蒂提醒我們，先學著把事務的擁有者區分清楚，然後把心思放回「自己的事」上面。屬於別人或老天爺的事，就給當事人或老天爺去處理就好。

世界上只有三種事：自己的事、別人的事、老天爺的事。問問自己，下面所列的是誰的事？

◆「媽媽有憂鬱症」是誰的事？
◆「哥哥對老爸大小聲」是誰的事？
◆「晚餐我想吃什麼」是誰的事？
◆「同事太聒噪」是誰的事？
◆「老闆的脾氣陰晴不定」是誰的事？
◆「我的健康狀況」是誰的事？
◆「我的高矮胖瘦」是誰的事？
◆「父親太早過世」是誰的事？
◆「世界戰爭」是誰的事？
◆「路上塞車」是誰的事？
◆「某某某不應該打電話給我先生」是誰的事？
◆「我討厭小玲」是誰的事？

把困擾自己的問題寫下來，這個舉動具有相當的意義，幫助我們把問題從腦海中移出來。接下來，便能進行理性的參問：

一、這是誰的事？

二、如果是我的事，我能做什麼來改善現況？

一旦把念頭拉開，我們就能理性看待這件事，才能在參問後，做出對自己身心靈有益的抉擇。

這個時候，你也許會說，世界戰爭也是我們的事，不是嗎？這樣說好了，世界戰爭是老天爺和別人的事。如果我真的認定世界不該有戰爭，此時我的事，是找到內在和平，然後推己及人，又或者找到關心的族群，寫封信或捐款支持他們，這是我的事。絕非只是義憤填膺，坐在原處謾罵世人喪心病狂，因為那只是一種情緒宣洩，稱不上對阻止戰爭有任何的建樹與幫助。

本書談的雖然是轉念，再次說明，我們不是把壞念頭轉成好念頭，把悲觀轉成樂觀，或倡導正向心理學。支撐本書背後的是東方哲學思想裡「如實、如是」的智慧，是「道法自然」的精神。

可想而知，當腦子裡的念頭與真相相違背，或與道和自然相違背時，它怎麼可能得逞，怎麼能寬心？當然是頭痛欲裂，當然是充滿挫敗與失望。

好了，釐清了是誰的事之後，接下來，就要好好面對自己腦袋裡的「我的事」。

第三章

轉念功課的四問與反轉

如果以最簡單的方式闡述轉念功課，便是「四問與反轉」，也就是四個提問加上一系列反轉的參問，目的是讓我們看清真相和念頭之間的關係與差距。

對我來說，這無非是個讓人覺醒的工具，從烏煙瘴氣的情緒或思維中跳脫，而「四問與反轉」的過程是一個直指念頭的心法。

如果當下情緒起伏很大，我會建議先用一些方法紓解情緒，等平緩下來、恢復理智之後，任何人、任何時間都可以運用轉念功課瞥見如實真相，領悟「道」的意涵。

誠如上一章所說，負面情緒有它存在的意義，處理情緒的部分本書不會多說，卻也必須正視它的價值。而關於腦科學、神經細胞、神經可塑性的研究，與身心靈彼此的誘發關係相當複雜，我在這裡以有限的經驗，盡可能做清楚的闡述。

當一個人針對某起事件或某個人感到不悅或懊惱時，情緒的背後一定有一個主要引發情緒的念頭，由於過往某個不愉快的經驗殘留在無意識中，給了該經驗負面的解讀，因此，只要外在的某個事件觸發了這個藏於無意識中的負面經驗，便會不假思索即刻引動舊有的經驗反應，也就是讓我們不舒服的感受。

當我們忽略、壓抑或漠視感受，它漸漸就會形成情緒，再久一點，就會變成我們的性格或人格特質。因此，情緒往往和過往不愉快的經驗有關。這就是為什麼我們要提升意識，讓上一章提到的那百分之五的高度覺知力，發揮它最大的功能。在意識覺知中建構新的神經網路，一有不舒服的信念上來，內在另有一個如當頭棒喝般的系統，自動把我們從受苦的泥沼中推出去，看見真相。

凱蒂的轉念功課入門教導裡，往往從批評別人的練習開始，因為那對大多數的人來說，更能產生共鳴。然而基於文化差異，我相信相較於批判別人，我們更容易責備自己，因此，我直接從針對自己的執念開始說明。

下列就是轉念功課中，針對自己所使用的四個提問以及反轉的介紹與練習。

一、真的嗎？
二、我能確定這是真的嗎？
三、有這個念頭時，我如何反應？

四、沒有這個念頭時，我是怎樣的人？

五、反轉思考

前面四個提問，照著回答即可。至於反轉的部分，則是嘗試從不同角度，找出比我們原來抱持的念頭更接近事實真相的答案。過程中會做好幾次不同的反轉，目的是為了強化新思維。

再合理的擔憂，都有害健康

我先生Bob近日鬱鬱寡歡、心煩意亂，主要是因為他發現自己有心律不整的現象。由於他的心臟在十多年前裝了兩支支架，導致任何時候只要感覺胸口鬱悶，他的焦慮指數就節節攀升，因為他很重視健康。

學習轉念二十年，我從來沒跟他倡導過轉念功課，也許有些人會覺得難以置信。我從來不主動想要說服任何人，不是我吝嗇，而是除非當事人覺得需要，主動問起，否則我尊重每個人的意願，也相信每個人都有處理自己問題的能力。一直以來，我受的專業訓練就是「不主動」提供諮商，特別是針對家人和朋友。反正他們都知道我在哪裡，需要的話自然會主動找我。

這兩個多星期以來，我謹守本分，秉持專業諮商師與教練該有的素養，絕口不提，持續觀察。

這一天午後，他皺著眉頭一屁股坐到我電腦桌前，訴說著他的脈搏、心跳、血壓、飲食、醫師、醫院、年紀，再說說目前疫情的嚴重情形、疫苗的爭議等。我想了想，忍不住開口：「你要不要知道我這本書寫的是什麼？」

「你在寫『轉念』不是嗎？」

「是啊，我在寫的就是負面思維對人的影響。想不想聽聽整個轉念的概念？」他點了點頭，於是，我第一次對他做了完整的轉念功課介紹，希望能引起他的好奇。聽完之後，他不置可否的吐出兩個字：「是喔？」看他兩眼仍然盯著我，似乎對這個主題有了一些好奇。

和先生相識將近二十五年，我相當尊重他的專業與界線，知道他相當有主見，雖然他百分之兩百認同我在做的事，也目睹學員的斬獲，然而卻沒想過也許我能幫得上忙。這麼多年來，就算看到他情緒波動的蛛絲馬跡，沒有他的邀請，我也只得謹守分際，絕不主動介入。

正當我埋首寫作之際，看著他這段時日的擔心發愁，這一次，我主動提議：「要不要跟我做轉念？說不定可以讓心臟的負擔少一些。」

他慢慢的、淡淡的吐了兩個字：「好啊！」

我說：「等你準備好的時候告訴我。」

他回答：「過兩天好了！」

兩天後的清晨，果然他對我說：「中午吃過飯做轉念好嗎？」

當下，我強忍欣喜若狂，「好啊，待會到我書房，我等你！」我的心情輕鬆許多，因為我知道，轉念功課對他的身心一定會有很大的幫助。

午飯後，先生主動坐到我的書桌前說：「我準備好要做轉念了。」

我讓他準備好紙筆，開始問他心裡都在想些什麼？他開始娓娓道來，說出他的擔心和煩惱。我沒讓他在這個層面上著墨太久，我繼續問：「你到底在氣什麼？」

「我氣我的心律怎麼可以不整！」

「心律不整，對你來說意味著什麼？」

「心律不整，意味著我有一顆不完美的心臟。」對了，這就是我要聽的關鍵句。

於是，我接著問：「你有一顆不完美的心臟，真的嗎？」聽完這句話，他停了一會兒，想了幾秒鐘，接著繼續試圖說明為什麼他的心臟不完美，是基於種種的研究、分析等。找到空檔，我再問一句：「你確定你的心臟不完美，真的嗎？」

經過一點時間的沉澱，這次他更平靜一些，說：「我不確定！」

我接著問：「不確定的意思，表示不是真的，對吧？」他抿嘴笑了笑。停了三、五秒，一開口又自動將話題轉回這些想法的正當性上面。因為林醫師說……

我告訴他：「我相信你有十足的理由可以說服我你所擔心、氣餒的理由和原因，我理解你對這方面的資訊掌握得很清楚，你是心電圖專家、生醫科技博士，這些我都明白。我只是想問你，這樣的念頭和想法是真的嗎？『你有一顆不完美的心臟？』我並沒有想要說服你什麼，也沒有懷疑你的知識，我只是單純想知道，從你的角度檢視一下，這句話是真實、可靠的嗎？」

很明顯他的身體突然放鬆了許多，他笑笑說：「我之前很篤定那是真的，現在想想好像不是。」聽到他這麼說，我心裡莫名湧起了一股很深的感動。

「當你的腦子有這樣的念頭時，你如何反應？」

「什麼意思？」

「就是，當你想著這件事，『我的心臟不完美』時，你會怎麼樣？做些什麼？」

「我會一直找解決方案，打電話、找資料，想說應該怎麼調整我的運動，要怎麼改善飲食……我很懊惱，氣自己當年為什麼沒聽醫師的話，好好按時吃降膽固醇的藥，導致後來心肌梗塞，也很氣自己的身體，為什麼該做的運動都做了，該注重的飲食原則也遵守了，心臟還會出狀況？腦子很亂，心情也很不好。」

聽完，我讓他深呼吸。繼續問：「做為一個先生和一個父親呢？」

「蛤？什麼？什麼意思？」睜大了眼睛，這下他愣住了。接下來有趣的現象發生了，他開始呵欠連連。從心理學的角度來看，這種突如其來的身體反應，都很值得我們觀察，這很可能是一種抗拒的心理呈現。當我提起他連打了好幾個呵欠時，他想都沒想的說：「這是我心臟缺氧的關係。」

我又重複問了一遍，這次他思索了很久說：「什麼樣的先生？……可能是板著一張臉、沒有笑容……滿腦子只想著自己的問題，對別的話題都沒有興趣，只想著怎麼解決自己的困擾、自己的焦慮……看來我的操心已經讓我變得有些偏執，而且心情沉重，沒有心情陪家人，在你們面前也沒有笑容。」

聽著他的描述，我很感動，也很心疼，他可以跳脫自己的腦袋，有距離的看看自己。雖然我問的是：「你是一個什麼樣的先生？」但其背後的目的，是希望提供他一個「有意識」從不同角度來看看自己不同樣貌的機會。

「你要不要聽聽我的感覺？」我問他。

他癱坐在我的面前，對我點了點頭，我繼續說：「當我現在面對著你，聽你說的話，我的肩膀、脖子，還有後背脊椎兩側的肌肉不只是緊繃，而且還很痠痛，左邊胸口的肌肉也跟著隱隱作痛，這是我聽你說這些話的身體反應。這些也是你平常身體會出現的徵狀，現在我的身體也都可以感受得到。對我來說，我的身體正在回應我，當我相信『我的心臟不完美』時，身體會有的自然反應。如果我也相信同樣的信念，這就會是我的狀態。」

身為諮商師、教練、靈性導師，我的身體是我接受對方訊息的偵測器，當坐在面前的人允許我參與他們的成長之路，我們將會一起經歷，一起成長，一起共享生命的領悟與智慧。

「對呀，我整個人變得很偏執，身體很緊繃，筋骨痠痛，不過現在好多了。」他慢慢的說，同時聳聳肩，擺動擺動脖子。

「好，沒有這個念頭時，你是怎樣的人？你會做些什麼？」我問。

「怎麼可能？怎麼有可能？念頭就是有呀！怎麼可能沒有？」他不斷重複質疑。腦袋會抗拒這樣的想法，因為無意識相信那個信念是不可被挑戰的，對當事人來說，信念是如此切實，否則怎麼會為它所苦。

通常，這個階段是最磨人的。因為腦子堅信那個信念是不可動搖、不可質疑的，「做不到、做不到、做不到」的說法，是捍衛執念再自然不過的反應了。

這個時候，我說了：「放心，念頭不會不見，也不會跑掉，待會它可以回來，沒問題。做完練習你可以繼續抱持原來的想法。現在我只是請你試試看，如果沒有『我的心臟不完美』這個想法，看看會是什麼樣的情形。」

這裡我使用的技巧，就是不否定他的信念，只是讓他嘗試新的可能性。其實，他怎麼會不知道？在心律不整還沒發生前，在他還未發現自己心跳不均時，他每天過的，就是沒有那個想法的日子，不是嗎？而我在做的，只是讓他把原本存在的生命狀態，與現在頭腦裡「我的心臟不完美」的念頭分隔開來，讓他連結以往曾經擁有的輕鬆、愉快、健康、有自信的體驗。

他甩甩頭，似乎想擺脫這段時間以來，牢牢糾纏自己不放的念頭和想法。

「沒有這個念頭，你會怎麼樣？會做些什麼事？」這句話我重複了三、四遍，他才慢慢意會過來。

他的腦海似乎慢慢有了畫面，「我每天早上會很開心的去走路、運動，很開心的去買咖啡、吃飯，很開心的看電視、吃零食，很開心的去上班，跟你們有說有笑，跟你一起打電動。」他愈講愈開心。

我也跟著輕鬆起鬨：「如果沒有那個念頭，聽起來你還挺開心的。」

他回應：「是呀！」

隨著他自發自覺的明亮開懷，我繼續問：「你覺得你比較喜歡哪一個自己？」

他毫不猶豫的說：「當然是後者了。」

「那接下來我要問你了，你覺得有任何理由，可以支持你放掉那個念頭嗎？試著感覺一下。」

他二話不說，回道：「當然，為了我的身心健康。那樣的念頭對我的身心健康不但沒有任何幫助，事實上，讓我的精神承受更大的壓力。」

「你現在應該可以清楚的分辨，給你壓力的不是心臟，而是『想法』和『念頭』。心臟反正每天都在做它該做的事，但是你有那個念頭，跟沒那個念頭所呈現出來的生命品質，卻有很大的差異。」

「好像是！」這時候，他臉上的笑容明顯變多了，不再緊皺眉頭，肢體看起來也輕鬆多了。他看到窗外一隻小鳥停在我背後的窗台上，說：「你看，牠的嘴巴好漂亮。」我們還花了一些時間討論小鳥身上的黑和喙上的黃。

「接下來要反轉了。你覺得『我的心臟不完美』可以怎麼反轉？」我問。

他很直接的說：「**我的心臟很完美！**」

我說：「好，給我三個你的心臟很完美的例子。」

接著，我看到了以往自信滿滿的先生，他像在唱歌一樣，嘰哩呱啦個不停：「我的心臟超完美，我已經七十四歲了，每天還能走一萬兩千多步以上，至少連續三年了，沒一天間斷過，我的心臟超完美。」

我繼續問：「很好，還有呢？」

「我的心臟超完美，我的心臟裝了兩支支架，還繼續提供我健康的身心，我的心臟超完美。」他幾乎像孩子一樣的雀躍。

「還有呢？」我再問。

「我把它照顧得很好，我每天量血壓、量心跳，吃藥、吃營養食品、吃好吃的，還做伏地挺身。哈，我的心臟超完美！最重要的是，我還可以每天在這裡跟老婆打屁。哈哈哈！」他開懷大笑。

我問：「你現在感覺如何？」他回答：「很輕鬆、很愉快！」我再問：「真的嗎？」他回說：「真的！」

我說：「好，再來一個反轉試試看。」他問：「還轉？」我說：「還轉！我要你說說看『**我的念頭不完美**』，說說看！」他重複了我說的話。

我再問他，相較於原來的念頭，哪個比較真實？「心臟不完美，還是念頭不完美？」這會兒我倆都笑開來了。「好像負面的念頭比較不完美。」他說，此時他看起來心情格外輕鬆。

「現在，請給我三個你覺得念頭不完美的例子。」

聽完我說的，他一口氣接著說：「當我以為自己什麼都知道時，我的念頭不完美；當我誤會別人時，我的念頭不完美；當我沒問清楚事情來龍去脈，就認定是別人的問題時，我的念頭不完美；還有還有，當我怪罪我的心臟不完美時，我的念頭就太不完美了。」

「太好了！現在，我要你用筆寫下你想對心臟說的話。」

他立刻拿筆用英文寫下一段話，看他滿意停筆，我請他唸給我聽，中文翻譯是：

二〇二一年六月十三日

謝謝你，我的心臟，謝謝你為我做的一切服務，我真心感謝你一直以來對我從不止歇的貢獻！請繼續你完善的工作表現，讓我們一起享受人生！

唸完手上的文字，他把紙筆放下，緊緊握住我的雙手，我們凝神望著彼此許久許久，可以從他的眼神和聲音裡感受他的真誠與感恩。我們兩個人都紅了眼眶。這時，他臉上突然閃現一抹歡喜、愉悅的神情，說：「你知道嗎？今天是我身分證上的生日。」哇！我們兩人讚嘆的笑了，「祝我們大家生日快樂！」

他說之前一直沒來找我解決他的困擾，是因為壓根不認為他的問題是轉念可以解決的。在他的認知裡，他的念頭沒有問題啊！他重視自己的身體，擔心自己的健康，有什麼需要質疑、轉念的呢？

先生是我們家的一家之主，他的心情與健康大大影響著我們的家庭氛圍。我從來不曾想要改變他什麼，在我的眼裡，他是如此優秀。然而，當他充滿焦慮時，無論理由多麼理所當然，我知道負面念頭對任何人都沒好處，對健康更是摧殘。希望這段說明與描述，可以幫助任何正在為健康煩心的朋友。

再合理的擔憂，都無法帶給人健康的身心或家庭幸福。這並非正向思考練習，而是真真確確從苦惱中「覺醒」的過程。人的身體過了某個年齡就會自然老化，就算可以延緩，卻無法停止，至少目前醫學還沒發展到那個階段。

何不現在就開始培養讓自己開心、豁達、祥和的心態，在有生之年都能享受「道」的芬芳。

接下來，我以生活中的真實故事逐項說明轉念功課的四問與反轉。

提問 1 真的嗎？

有一天早上，我開車送先生上班，那段時間我的狀態不太好，心情總是低落，心裡有個坎過不去，悶悶不樂。

先生下車後，開車回程的路上，我心想：「既然沒什麼事要忙，不如去看場電影轉換心情吧！」哪知才剛想好要去看電影，突然一陣心酸湧了上來，覺得自己怎麼這麼可憐，想看場電影，都不知道該找誰陪我，我的人生為什麼這麼孤單淒涼？當下情緒一來，我忍不住眼眶泛淚，愈想愈悲哀。

驟然間，學習多年的轉念功課，突然自動發揮了它的作用，在負面情緒出現的當下，直接啟動內在機制，隨即冒出轉念功課的第一個問句來問我自己：「真的嗎？」結果連情緒都還來不及發洩，眼淚都還來不及滴下來，就忍不住笑了。

「這當然不是真的！」

只要不被情緒淹沒，稍微有點清醒的意識，我完全知道自己的人生絕對不會走到孤單淒涼的狀態，我從來不是沒有朋友的人，那一天只不過是心情有些低落，不自覺陷入無意識的負面思考模式，內心泛起了自怨自艾的悲情戲碼。事實上，如果真的想找人陪我看電影，相信一定會有朋友樂意與我同行。

修行了這麼多年，當看到自己掉進情緒漩渦，一個人煞有其事的坐在車裡自導自演獨角戲，不免覺得有趣。這下子原本鬱悶的心情，被「真的嗎？」三個字一掃而空。

經過自我參問後，突然發現，其實，我根本也沒有真的很想看電影，只是借題發揮。當心情轉變了，自然可以一個人獨處，享受難得的悠閒時光。

哎，腦袋呀腦袋，人之所以可憐，不是因為單獨一人，而是習慣以負面思維解讀單獨的狀態。

人在鬱悶時，不自覺的看事情不順眼，責備自己、嫌棄自己，再不然就是指責別人、嫌棄別人。這個時候，如果能靜下心來思索，主導該情緒的念頭究竟為何？然後平靜的問自己：「真的嗎？」這個時候，通常就能馬上停止負面情緒的延燒，不再被無意識的情緒帶著跑，愈跑愈遠，愈跑心情愈差。

艾媛最近報名社區大學的夜間課程，每次上課老師都會要大家另外找時間進行分組討論。在所屬的四人小組中，除了她之外，其他三人都是退休族。對他們來說，平常上班日的白天最有彈性，特別是週間約下午茶，只要在五點左右散會，來得及回家做晚飯，完全不影響週末陪伴家人的時間。但艾媛是上班族，週間要上班，無法時常請假，所以她表達自己平常日的白天可能不方便參加聚會，哪知道大家討論的結果，還是決定要在週間下午進行小組討論，這讓她很不開心。

艾媛說，她當下覺得同學完全沒有尊重她，但回家想了想，她問自己：「同學都不尊重我，真的嗎？」、「難道同學是因為不想尊重我，才故意選在週間下午聚會嗎？」這麼一問，她立刻發現，會有「同學不尊重她」的念頭，完全是自己的想法，實際上，同學也問過她的時間，只可惜多數人方便的時間，正好就只有她不行，取捨之後，才會做出多數人同意的決議，所以從頭到尾，根本就沒有不尊重的問題。

艾媛釐清了自己的念頭，看清楚事實之後，自然覺得沒什麼好介意，於是決定跟公司請特休假，去參加小組討論。

「真的嗎？」這一句自我提問能夠幫助自己跳出慣性的思考模式。這是轉念功課的第一步，也是最關鍵的一步。針對初學者來說，這不是一件容易的事，剛開始必須花比較多的時間，密集培養自己「參問念頭」的新習性，假以時日就會自動發揮魔法，時時刻刻把我們從虛幻中「喚醒」。

提問 2

我能確定這是真的嗎？

孟杏在公司負責安排對外文宣品送印的初審事宜，所有文宣送印前，行銷部主管都必須審核確認，因此送印的文件一律都要附上主管簽核的公文，以確保內容無誤，才會交給採購部進行採購。

那天，負責跟印刷廠聯絡的採購部同事，拿著孟杏交給他的文件夾，跑來跟她說：「這份文件沒有附上行銷部主管簽核的公文，你確定能送印了嗎？」

孟杏聽了很不高興，想也沒想的就回說：「公文那麼大一張，我怎麼可能會遺漏！」她認為自己不會這麼糊塗，一定是同事不小心弄丟了。

採購部同事看到孟杏的態度不怎麼友善，只好和一旁的資深同事討論起來。孟杏不發一語坐在自己的位子上，聽著資深同事和採購部同事的對話，兩個人似乎都認為孟杏的態度不好，這讓她覺得很不舒服，但也沒有多做回應，只是在心裡生悶氣。

悶不吭聲的孟杏，腦子開始出現很多念頭，懊惱、生氣、委屈等負面情緒一個個冒上來，她覺得這兩個同事憑什麼指責她，她只是為自己辯解，居然就被說成是態度不好，愈想愈覺得委屈。突然間，孟杏想起之前學過的轉念功課，於是她問了自己第一個問題：「採購部的同事在質疑我，真的嗎？」她心想，「是啊，不然幹嘛來問我！」孟杏真的覺得自己被誤解了。「我能百分之百確定，他們真的是在質疑我嗎？」孟杏接著問了自己轉念功課的第二個問題。

「嗯……」孟杏開始想像，如果自己是採購部同事，遇到文件不齊，是否也會去問初審的人？是啊，這不是很合理嗎？自己為什麼會這麼介意，甚至有被冒犯的感覺？

這下子原本的怒氣突然消退，她看見自己的防衛心原來這麼強烈。長久以來，一旦感覺被質疑、被挑戰，她就會反射性的心生防備，因而帶著情緒去解讀對方的意思。回頭細想，漸漸覺得採購部同事並不是來興師問罪，只是想把事情做好，因為發現少了主管簽核的公文，才來問是不是遺漏了，對方從頭到尾都沒有惡意，反而是自己態度不佳，對方只好轉身找資深同事討論。

當意識到自己有過度防衛的表現，再回想剛剛跟採購部同事說的話，的確不太友善，因為她把同事的提問當成指責，急著撇清，才會態度不佳、語氣又差。

想到這裡，一方面覺得抱歉，一方面也暗自鬆了一口氣，慶幸自己沒有繼續爭辯或口出惡言，而是選擇在腦中進行轉念功課的自我對話。她心想，要是剛才沒停下來參問自己的念頭，繼續爭執責任歸屬、誰對誰錯，也許就無法看到自己的慣性思考模式，看到自己的念頭如何誤導了認知，一心認定採購部門同事和資深同事聯合起來欺負她。說不定，還可能吵起來，或開始一連串的職場冷戰……

我問孟杏，還記不記得採購部同事說了什麼，使她的態度變得防衛起來？

她說，其實同事只是說了：「這裡面怎麼漏了主管簽核的公文？」光這句話，就覺得很不舒服，好像自己的能力被質疑了。

這樣的例子很常見，我們每個人都有自己的地雷，至於地雷埋在什麼地方、什麼時間點會爆炸，自己或許都不知道。但如果練習過轉念功課，就像孟杏一樣，在意識到自己的情緒被攪動時，可以迅速停下來，一方面阻斷負面情緒持續蔓延，另一方面讓自己平和的看清楚當下的情況與事實，避免事態惡化。

孟杏過去的慣性是：一旦感覺對方對自己有些不確定，就會認定自己不被信任而覺得被冒犯，然後防衛心立刻就冒上來。我們不也是和她一樣，經常只是一句話、一種語氣，甚至一個眼神，就解讀成對方在質疑我們，甚至堅信自己的解讀，瞬間掉進自我防衛的黑洞而不自知。

她說幸好沒有繼續陷在自我防衛的慣性反應中，破壞職場和諧，在發現情緒上來的第一時間，反問自己為什麼生氣？繼續參問：「我能百分之百確定，採購部同事真的是在質疑我的能力嗎？」之所以能看清楚對方並沒有惡意，和自己長時間轉念的訓練很有關係，事發當下，她才有能力快速找出不具投射、不帶情緒，更接近中性真實的訊息。

很多時候，當問了第一個問題「真的嗎？」答案往往乾淨俐落。我們很自然認為：「當然是真的！」這種來自無意識的慣性思考模式，不假思索的答案，不僅理所當然，並且言之成理，否則，怎麼可能長久以來我們都深信不疑，同時還讓它來侷限我們的人際關係或生命開展呢？

接著第二個問題「我能確定這是真的嗎？」是讓我們在念頭和事實之間，保留一些不確定。熟練轉念功課的人都知道，一旦問出「我能百分之百確定這是真的嗎？」自然能明白只要再深入一點想，帶出來的一定會是不同的答案。經驗告訴我們，當參問自己這兩個問題時，內在再也不會像過往一樣，那麼斬釘截鐵的堅持「絕對是真的！」反而會不由自主騰出一些空間，保留給「成長」的可能性。

提問3 有這個念頭時，我如何反應？

轉念功課的第三和第四個提問，正好是一體兩面。當問自己這兩個問題時，除了關注內在感受的變化，也請試著觀察身體當下產生的細微反應。

容穗是大眾運輸愛好者，平常多以捷運或公車代步，卻又很受不了有些人在公車或捷運上使用手機時，把在聽或看的節目聲音放出來。每次遇到這種人，她就覺得很厭煩，總在心裡唸唸有詞，很想問這些人怎麼這麼沒公德心，為什麼不懂得尊重別人，如果每個搭車的人都像他們一樣，車廂裡不知道會吵成什麼樣子。

由於這種情況並不少見，所以容穗搭捷運時心情常常受影響，雖然想過要出聲制止，但又擔心萬一對方惱羞成怒，說不定招惹什麼麻煩或口角，所以只有不斷告訴自己要忍耐，但也因此覺得自己是個懦弱又無能的膽小鬼。

當聊起這件事，講到義憤填膺，情緒激動處，讓我覺得又心疼又好笑，我知道她真的很生氣，但與其說她在生別人的氣，我想她更氣的人是自己。

「在捷運上不能把手機聲音放出來，真的嗎？」我問。

「當然啦！這不是最基本的嗎？」她秒答。

「你很確定在捷運上不能把手機聲音放出來嗎？」我問轉念的第二個問題。

「我確定！這是公共場合，身為公民，怎麼可以沒有公德心！」她想也不想的說，我都可以看到她鼻孔冒出來的煙。

「那事實是什麼？」我希望她看清楚，事實真相與她所抱持的念頭是有差距的。她說：「事實就是他們繼續播放著他們想看、想聽的啊！」

「那麼，當你在捷運上聽到有人把手機聲音放出來，又堅持『在捷運上不能把聲音放出來』的信念時，你如何反應？」我問。

「每次遇到這種情況，我就會開始焦躁，直到對方或我自己下車前，都會坐立難安。除了在心裡暗罵對方自私又沒公德心，其實我還很氣自己，為什麼連一點道德勇氣都拿不出來，明明應該直接請對方把聲音關掉的，為什麼做不到？每次愈想就愈懊惱，我忍不住懷疑，這個社會到底是哪個環節出了問題，為什麼其他人都可以若無其事繼續滑手機或睡覺？難道只有我覺得這樣很不OK嗎？」愈講愈激動，聽她說完，連我也覺得自己好像做錯什麼事了。可以想見這一連串念頭，帶給她多大的壓力。

我問她：「當你想著『他不應該把手機聲音放出來』時，身體有什麼感覺呢？」

「我覺得腦子一片混亂，整個頭都脹起來，我的肩膀和脖子，甚至整個背部都變得很僵硬，根本就無法專心想自己的事，渾身發熱。」說到這裡，她的身體顯得僵硬。

「那麼，當下你覺得自己是怎樣的人呢？」我繼續追問。

「應該看起來很凶，別人一定覺得我很嚴厲又很難相處吧！」回想當下的樣子，她的表情不免也跟著糾結起來。

雖然我不是容穗，卻很容易同理類似的感受。我們或多或少都有過類似的經驗，一心認定某個人「應該這樣，不應該那樣」，而把自己弄得身心疲累。

當問起持有該念頭的種種反應，目的在觀看自己如何在日常生活中痛苦掙扎的實相。這樣的掙扎，來自於我們平常無意識中對生活周遭不假思索的直接反應。

提問3就像是一種指引，透過有意識的靜心沉澱，回顧事情發生當下的糾結、無奈、無助與憤怒。這個時候，目的不是要人離開當下的情境，或往好處想，或勸人轉念，相反的，我們要看清楚，當念頭持續停留，繼續強化它的理所當然，繼續捍衛它的存在必要時，所導致的身心俱疲。其實最讓容穗痛苦的，是當下沒有能力做任何事來讓自己解脫。一方面不想惹麻煩，搞得一身腥，一方面又心灰意冷解讀世衰道微。過程中，想當然耳，聽著腦中喋喋不休的聲音，自然是一種煎熬。

如果單純看一個念頭，以及對念頭深信不疑所帶來的壓力，我們都可以想像容穗壓力有多大，心情有多糟。然而，她腦裡的一大堆想法，和真實情況並無絕對關聯。當她的腦子一片混亂，肩膀、脊椎、背部都變得僵硬，完全無法專心做自己的事情時，其實，自己腦子裡的聲音比乘客的手機音樂更吵雜。讓容穗難以忍受的，不是乘客放出來的音樂聲，而是無法除去自己腦海中一直跳出來各式念頭所引動的吵雜與混亂，這才是痛苦的主因。

學習轉念功課初期，我非常認真，因此短短幾個月便悟出了其中的精髓與道理，當然也因為多年靜心的經驗，很快就逮到自己啾啾不休的執念。現在的我，雖然偶爾也有不悅的片刻，即使如此，也能在短短幾秒鐘內立即跳出，絕不坐以待斃、加碼或偏執。

在沒找到出口前，遇到類似的場景，類似的焦灼，每一次的對峙，每一次的過程，都會讓人有壓力。也許是針對某個家人、某個同事、某一種特定性格或特定行為的人，這些人、事、物在與我們交會過後，即使事過境遷，我們也未必能擺脫負面的情緒與想法。直到入睡前，腦海裡依舊放映著讓自己氣憤難平的畫面，懊惱著自己的膽怯，羊無論怎麼數，到了天亮仍然無法放鬆入睡。

提問4

沒有這個念頭時，我是怎樣的人？

在回答了轉念功課的第三個提問後，第四個問題對很多人而言，經常是最難以回答的問題。

最讓我們感到不舒服的念頭，常常是長久以來深信不疑，甚至像是人生宗旨一樣刻在我們腦海中的信念，說穿了，就是我們的執念。由於信奉此念頭已久，同時賦予它很多關注與能量。就像容穗，長期以來，只要一聽到有人在捷運或公車上把手機聲音放出來，就覺得渾身不對勁，因此在回答第三個提問時，觀察到當自己抱持「在捷運上不應該把手機聲音放出來」的想法時，頭部會發脹，肩頸、脖子和背部都變得又緊繃又僵硬。

我問她，如果沒有這個想法，沒有「在捷運上不應該把手機聲音放出來」的念頭時，會是什麼狀態？身體有什麼感覺？原本對答如流的容穗，突然傻住了，因為她根本從來沒想過可以沒有「在捷運上不應該把手機聲音放出來」的念頭，這對她來說太陌生了，簡直像天方夜譚，完全超出她的想像範圍。

她自認為是家中的良知，時常打抱不平，善惡分明、行俠仗義，是正義之士，家裡有任何狀況她都是直言不諱的第一人，在捷運上看到如此脫序的人，不說他兩句已經很難過了，現在說要連念頭都沒有，那不就是好壞不分、善惡不明嗎？說難聽一點就是姑息養奸，這怎麼可以？

我可以理解對容穗來說，根本無法騰出這樣的思考空間。從小到大，她一直遵循這樣的守則與世界互動，要想像自己不帶著這樣的念頭生活，無異於拿掉自己性格中的重要特質，那是一件多麼困難的事？所以第一時間，她的腦袋既不能、也不想騰出這樣的空間來思考。

第四個提問對很多人來講，往往也是最困難、最花時間的一環，因為我們很可能從沒想過，脫去那個框架的自己會是怎樣的人，當然更沒有享受過少了這個念頭的日子，可以變得多麼輕鬆舒服。

我再次請容穗閉起眼睛，沉澱一下，感受看看、想想看，在高鐵、捷運上，看到、聽到旁邊有一個人把手機音樂放出來，自得其樂，絲毫不覺得這樣的行為有什麼不妥，而那個當下她的腦海並不存在著「不應該播放手機聲音」的念頭，這一刻，她是怎樣的人？會是怎樣的情景？

「沒有這個念頭時，你是怎樣的人？說說看。」我穩穩慢慢的說出這幾個字，但我發現一次不夠，還重複了三遍，加上描述車上的場景細節，讓她有身歷其境的感受。

一開始，她面有難色，想了好一會兒，深呼吸了幾口氣。我說：「沒關係，不急，慢慢來，試著想想看，沒什麼損失。」雖然她閉著雙眼，但我可以看見她的眼球不斷移動，似乎努力想在腦海中尋找畫面。有些遲疑，卻也慢慢開口了：「應該會比較輕鬆一點，也許就像平時在車上放空的時候，想想自己的事情，最起碼不會覺得那麼吵。」

這個階段，對任何人來說都是困難的。念頭帶來的痛苦愈大，愈難想像「沒有念頭」的情境與心情。對容穗來說，這個經驗有如隻身闖入一片從來沒有進入過的灰暗森林，沒有任何足跡可以依隨，沒有任何經驗得以複製，這未知之境，只能靠自己摸索和體會。她正在靜心冥想，腦神經網路正在發生改變，為自己創造新的經驗。

靠著自己一點一點的探索和移動，她繼續摸索著：「就算還是會受到聲音干擾而有點影響，但也能回過頭來照顧自己的心情，並且容許自己就算什麼事情都不做，也沒有關係，沒必要一直身兼糾察隊長，逼自己要主持正義。反正大家都覺得ＯＫ，自己也就ＯＫ。說真的，對方只是把聲音放出來，又沒有殺人放火，其實也沒什麼大不了。」想著想著，忍不住笑了起來。

驟然間，她被自己逗樂了，突然睜大了眼睛，說她發現自己根本是警察上身，沒事幹嘛把自己搞得那麼忙又壓力那麼大，與其去管別人的事，還不如回家整理房間還比較有意義。一旁的我們跟著笑了，讚許她的「領悟」。

發生在捷運上的一個場景，或許有人會說，幹嘛自找苦吃？放輕鬆一點不就好了嗎？然而，這也是當我們認定別人很糟糕時，相當常見的心智反應，只是場景、人物不同罷了。

玖芳提起自己以前遇到這種情況時，真的都會直接請對方把手機關靜音或小聲一點，但後來發現幾乎每次搭捷運都會遇到這樣的人，實在煩不勝煩，最後決定放過自己，不要再管這種事了。既然別人都沒意見，幹嘛要強出頭，把自己的情緒交由別人打理。更何況，也曾經遭受白眼，對方完全不理會，就又更氣了！

宏晴的反應更有趣，她說每次遇到這種情況，就會好奇的聽聽對方放出來的內容，想像眼前這個人怎麼會聽這種音樂，或是為什麼會追這齣戲，如果是跟別人講電話，她也會很有參與感的旁聽談話內容，有時候甚至還會忍不住跟著一起笑了起來，好像自己也跟他們一塊聊天的樣子。

我也加入了話題：「有一次搭捷運去淡水，遇到三五成群的老外在車上大聲講話。因為文化不一樣，西方人比起東方人，就是比較容易放聲大笑，也有人嫌他們吵，露出鄙夷的神情。當然，也有人欣賞他們的熱情自在。」

隨著藝術表現形式愈來愈多元，有一些讓人驚喜的快閃活動，像是在火車上突然出現樂隊演奏的情景，相信當場應該沒人會在意怎麼可以把音樂放出來，因為壓根沒有那樣的念頭，自然不會覺得不舒服。

一樣的車廂，同樣的聲音，有人談天、有人閱讀、有人睡覺、有人聽音樂、有人講電話，重點不是別人應不應該做什麼，而是我如何安頓自己的身心，這絕對是我們可以為自己做的事。

所以，如果有個惱人的念頭出現，不如讓轉念的心法介入，試著換個「清明」的方式看待生活周遭，一旦開始用這樣的意識和世界交流，自然會騰出更大的「容受」

空間，享受內心的寬闊與自在。

關於容穗的例子，其實並非不能走過去提出請求，請對方調整或改變，而是當我們沒有那些對方「很自私」或「沒公德心」的念頭時，態度自然會友善許多。

想想看，不帶有任何批判的心念，加上善解人意的態度，就算開口請對方考量我們的感受與需要，也可以心平氣和的說：「不好意思，你可能太專心了，聲音有點大，能不能麻煩把音量調小一點，或者你有耳機嗎？待會公司有一個重要會議，需要專心思考，我還滿緊張的，麻煩你了，謝謝。」

這裡我用了非暴力溝通的技巧，相信成功率一定會很高（想多了解「非暴力溝通」，我在《我想跟你好好說話》一書裡有詳細的介紹與說明）。

使用「非暴力溝通」，你會驚見在語言與態度上完全不會有指責的意思。語言的細緻，很自然會讓我們表現出通情達理的樣子，除非對方真的是存心較勁，否則應該會有不錯的成效。只要不帶有「煩躁」的念頭和氣焰，溝通自然容易許多，交流的品質也會隨之提升。當然，對方還是可能有各種無法預估的反應，但就算不友善的回一個白眼或一句狠話，我們也比較能夠處之泰然。再說，如果一看就是凶神惡霸，那就算了吧！所以，安啦！

當自己的態度溫和柔軟，一個微笑，一句簡單的「麻煩你，聲音有點大，謝謝！」或遠遠的示意指指自己的耳朵，都是好的選項。

反轉

把「他不應該……」轉換成「我不應該……」

轉念功課的心法就是四問與反轉，當問完前述的四個提問，接下來還要繼續做反轉練習。這個階段至關重要，因為這是落實反求諸己，反躬自省的必要過程，也就是把以往投諸在別人身上的批判和對抗的心力，反轉回自己可以掌控的事物上。這個練習開啟美妙的新契機，讓我們無暇再抱怨，既然已經看清楚事情的真相，接下來就要進一步探索「轉變如何發生？」以及「我可以做什麼樣的調整？」也就是說，我們要開始準備行動了。

前面四個提問主要在幫我們看清事情的真相，反轉是提供我們轉變的方向。

我常說，當我們叫別人要「改變」時，就如同開一帖良藥給別人，因為我們深信對方吃了藥一定會更好。所以，要別人吞下解藥前，自己總要先嘗嘗，看看是否容易入口，這樣說合理吧？否則，一直認定別人應該可以輕易做的改變，很多時候自己根本力有未逮。譬如，要別人在車上保持安靜這件事，其實並不容易，原因很多，其一可能是不習慣，因為閒閒坐著沒事幹很無聊，於是就得依靠各種外在刺激來打發時間。這種情況稀鬆平常、處處可見。

容穗因為抱持「在捷運上不應該把手機聲音放出來」的信念，讓自己在搭車過程中，只要有人有類似的行為，她的天線就即刻打開，連上對方的世界，接下來就是頭腦一連串的喋喋不休，覺得自己被噪音干擾，吵得要命。她把別人正在享受的當下，以自己的慣性解讀為噪音，因此，對方的享受可以說是自己的災難。

容穗誤把自己的「念頭」順理成章解讀為牢不可摧的「應該」，甚至是每個人都應該奉行的「信仰」，把自己的「應該」當成了天理。這也是一般人通常最難突破的地方：「應該就是應該，哪有什麼好討論的！」

結果，有一天赫然發現自己奉為圭臬的「應該」，只不過是自己想像出來的假設，想想看，這震撼會有多大？當我們把「應該」、「不應該」拿去與實相比對時，會發現事實比我們想像出來的要仁慈許多。當覺知自己因抱持某個「應該」而遭受各種身心磨難，放掉執念，自然不在話下，這也就是可貴的「意識覺醒」。

真相是：「在捷運上可以把手機聲音放出來。」很簡單，因為事實就在眼前。而且事實是，沒人真想做出什麼行動去改變，包括我們自己。既然如此，為何不選擇輕鬆以對？

這裡的反轉練習，直接的例子便是「他在捷運上可以把手機聲音放出來」。記得那些熱鬧的快閃活動，不都是把音樂放得超大聲嗎？能支持這個論點的例子還不少，像是街頭藝人的表演等。

另一個反轉是：「我在捷運上也可以把手機聲音放出來。」說完這句話，容穗開懷大笑，這是她從來都沒想過的景象。這時，封鎖多日的能量，像洪水潰堤一樣，瞬間洋溢四濺。她臉上的笑容，好比陽光下的向日葵，隨著風向盡情搖擺。「哈哈哈，既然沒人在意，那不然大家都來拚一下，看誰的聲音比較大。」她被自己的幽默擊中了，周遭的我們也感染了她的歡樂。

即使不是個好主意，卻也不失為讓自己從僵固思維中跳出來的新思維。這就是反轉絕妙之處，「我的思維是自由的，我的性格是開朗的，我的創意使生命充滿色彩。」

這與容穗長久以來的生命狀態不同。我一直認為容穗是非常風趣的人，然而腦袋裡的「應該」卻讓她笑容遞減，反轉練習顯然幫助她從執念中解脫並醒悟。她說她喜歡現在的樣子。能帶著她看到事情本來的樣貌，是我的榮幸，因為，真相往往比我們頭腦構思的要慈悲得多。只有當執念退場，才會有靈光乍現的新體悟。

經由反轉練習，容穗又想到了另一個反轉：「我好吵！我的腦袋裡充斥著批判的聲音，比別人的手機還吵、還要煩人，應該關掉的是我腦袋的碎唸，我應該閉嘴。」追根究柢，讓她煩躁的，的確是腦子裡批判的聲音。以往只有當別人停止做她認為「錯」的事，她才會得到安靜，她無法為自己創造想要的平靜，這才是懊惱的根源。

所以她說：「該安靜的是我自己的腦袋。」此刻的容穗沉靜了許多，似乎在感受內在世界與外在世界的差異。

在轉念功課的程序裡，第一道便是填寫「批評鄰人作業單」，目的是把所有腦子裡對某人的不滿、憤怒、應該、不應該，還有不想再經歷的點點滴滴寫下來，好讓我們仔細檢視每個念頭的真偽。其中有一項是把「我再也不要在他身上經歷……」，反轉成「我期待……」。

以容穗來說，例句就會是「我期待在捷運上有人把手機聲音放出來。」這時候，可能有人會覺得這是什麼跟什麼呀？如此讓人抓狂的行為，什麼「我期待」，這不是太強人所難了嗎？

事實上，這是另一個解脫之道的法門。理由是，現實中是否會再次遇到這樣的人？哪一天、哪個節骨眼，有人一上捷運就開始拿著手機，自得其樂的大聲播放影片，或高談闊論，或大聲叫囂，這時如何因應？與其被突襲，陷入作戰狀態，倒不如先做好心理準備，練習敞開雙手，迎接未來可能出現的那一刻。

換句話說，就是先打預防針。因為遇到類似的情況時，念頭一定會再度浮現，即使百般不願意，無意識慣性思維的頑強不容小覷。

因此，遇到不順心的狀況，看到自己的稜稜角角時，千萬別躲開，每一次都是強化腦神經細胞的最佳時機。直到有一天，新的神經網路長出它的韌性與主導地位，一切終將改觀；除了如如不動，不輕易受外界干擾，還有空間去感受愛與慈悲。

我們的每個想法、每個感覺都在強化神經元，這就是為什麼要盡早練習轉念，好讓我們為自己建構有助身心健康的神經系統，不再依循以往無意識的慣性思維，繼續受有害身心的信念操控。

簡而言之，轉念功課幫助我們一步步淨空不必要的雜念，去蕪存菁，把心力放在有益的事物上。我相信，東方哲人渴望從修行中悟出的「空性」，也就是一步步參問出來的結果。

轉念功課轉的是念頭，不是事件

第一章提到，我最初積極學習轉念功課，是為了能更精準、稱職的擔任喇哈夏老師的即席翻譯，但除了這個原因，之所以願意撥出大把時間，負擔不低的學費和旅費，親自遠赴歐美向凱蒂學習，其中還有個很重要的因素。

記得在練習轉念的四個提問和反轉時，突然想到，如果可以幫助每個被念頭所苦的人走出黑暗幽谷，那麼許多不幸遭受性侵害的女性，是否也可能透過轉念的心法，從極大的痛苦深淵找到出路？或至少日後想起那件不幸的遭遇時，內心痛苦的程度可以降低一些？

我很懷疑。

在「批評鄰人作業單」的第六點，要寫下針對我們批評的對象「我再也不要在他身上經歷……」，最後再把這句話反轉為「我期待……」。這就是我最疑惑的地方。對於曾遭受性侵害的人，在進行反轉練習時，難道要說出「我期待他來侵犯我」這樣的話嗎？這似乎太殘忍與荒謬了。關於這一點，我迫切想知道答案。如果轉念功課在這個問題上無法解釋清楚，還能算是有用的心法嗎？

帶著這個疑問，在強烈好奇心和求知欲的驅使下，非得弄清楚不可，於是決定報名參加凱蒂在美國的十日課程，勢必要當面向她請益。

在課程中，我找到機會當面請教她這個問題，凱蒂告訴我，如果一名遭到性侵害的女性，想要透過轉念幫助自己走出強烈的負面情緒，必須先看清楚，性侵事件已經發生，也已經結束，那個事件本身早就已經過去了。後來會一直糾纏受害者，讓人感到痛苦的真正原因，其實是腦海中對於那個事件所衍生並且不斷浮現的種種念頭。

因此，受害者練習時，要反轉的是念頭，不是事件本身，因為事件已經發生，沒有所謂反轉、不反轉的問題。對曾經遭受性侵害的人來說，最煎熬的是聽著腦海中因事件衍生出的各種負面念頭與聲音。

以轉念功課為例，很可能是這樣的自我對話：

「他不可以侵犯我！」

「真的嗎？」

「真的！」

「我能確定這是真的嗎？」

「我百分之百確定。」

「有『他不可以侵犯我』這個念頭時，我如何反應？」

這個提問是要個案帶著意識一一詳述自己抱持念頭時，所有的行為反應，還有和家人的關係，和社會的關係，以及最重要的和自己的關係。

「我充滿憤怒、充滿恨，我恨他、恨這個世界、更恨我自己，滿腹仇恨的我，無法愛人、無法相信人、更無法愛我自己、無法相信我自己。我像是活在地獄裡，生不如死，但又沒勇氣真的去死，如行屍走肉般的活著，每天都好痛苦，我痛恨自己。」

這是一位個案的表述。

「沒有『他不可以侵犯我』這個念頭時，我是怎樣的人？」

「我會做每天該做的事，和家人、朋友一起逛街、吃飯。看到自己的堅強與勇敢，感謝一路上幫我度過難關的人，我會告訴自己，事情已經過去，這件事情發生過，也結束了，雖然曾經傷痛欲絕，但我存活下來了。不是我的錯，只是很不幸遇到這樣的事情。我可以把這件事當成生命中的一個經歷，我已經勇敢的走過了，我還是原本的我，還加上更多的人生歷練。我知道仍有很多人愛著我，我也還是一個有能力去愛的人。現在的我更明白什麼是傷痛，什麼是無奈、痛苦。在這個世界上的某個角落，有著和我一樣際遇的人，也正在努力想從痛苦中站起來。」

「舉出『他不可以侵犯我』的反轉例子。」

「最直接的是『他可以侵犯我』，因為真相是，他的確侵犯了我。另一個反轉是『我不可以侵犯我自己』，我需要好好善待自己，一直被負面念頭折磨的我，就像一再的傷害我自己，我不可以、也不應該繼續傷害和侵犯自己。再一個可能是『我不可以侵犯他』，我需要把心力放在自己的身心健康上，不可以一直想著他，不可以一直想著如何傷害他、對付他、報復他。」

「想想看，三個反轉是否比原有的念頭更貼近事實？或一樣真實？」

「有，好像比我原來設定的念頭更貼近事實。」

「接下來，把『我再也不要經歷被侵犯的感覺……』反轉為『我期待……』。」

「**我期待這些念頭侵犯我。**」

這裡必須多做說明。之所以要說這句話的主要關鍵，在於念頭一定會一再一再出現，這麼大的創傷不會只經過一次轉念功課就雲淡風輕，需要時間一點一點慢慢調整思維模式。雖然已漸漸明白當「他不可以侵犯我」的念頭出現，會多麼令人難受，但也只有當念頭冒上來，才有機會檢視心智是否漸漸康復，創傷是否慢慢癒合。

如果念頭一起，還是一連串的憤恨，「他就是應該被關到死，為什麼法院還放他出來，他居然還有臉活著……」表示應該拿起紙筆練習轉念功課，一次次把掉進無意識的自己帶回現實，以免繼續把自己關在灰暗的牢籠裡。

如果到了有一天，發現即使念頭上來，自己卻愈來愈淡然，就表示療癒正在發生，已經能直面事實真相。當這天來臨，一個歷經蛻變、全新的人，能幫助多少曾有類似遭遇的人？這時候，如果願意，就可以去跟人分享轉念的神妙與自己的生命領悟。

「我期待這些念頭侵犯我。」給了我千里迢迢想要明白的答案。這句話要提醒我們的是，別抗拒任何念頭，念頭只是念頭。

轉念功課處理的是念頭，而非事件本身。沒有經過質疑、參問的執念，不可能自行化解。

當事人因為過於痛苦，只能受困於自己的故事，對著世界吶喊。轉念的本意，絕對不是要我們把頭撇開，漠視過往曾發生的事件，而是提供一個明確的方法，幫助我們看清阻礙內心釋懷的主因，藉此找到面對現實的力量。

從這個例子，我們可以很清楚的看到，讓受害者持續處在痛苦中煎熬的，是事件後續所衍生出來的種種信念與回憶，它不斷召喚著受害者的負面情緒，聯想著自己的傷痕、無助，還有加害者的罪孽、人性的殘暴……一個又一個的負面想法，才是一次又一次傷害自己的原因。事件早已過去了，就像那一下甩過來的巴掌，打在臉上最刺痛的那一刻，隨著動作完成早已結束，煙消雲散了，留下來的只是一次一次隨著念頭浮上來的傷痛。

釋放負面念頭，穿越傷痛

做轉念功課目的不在於替犯錯的人解套，或是合理化加害者的行為，也不是評斷誰是誰非，或判別正義公道的工具，絕對不是。它是用來幫助任何想從痛苦解套的人所設計的心法，期許當事人不再受到毫無益處的念頭折騰，不再被層層堆疊的負面情緒綁架，而阻隔了眼前值得開創的希望人生。

當允許讓自己受苦的念頭再次出現，而自己能對其不為所動時，表示我們已穿越傷痛，而且能看到自己其實深受眼前的真實世界所疼惜。就算下次負面情緒再起波瀾，也只是在告訴我們趕緊寫下來，好好參問那個躲在情緒背後，渴望被釋放的念頭。

別再抗拒負面念頭。念頭它渴望得到正視，渴望被釋放，只有如此我們的身心才會健康，才得以安然享受這個世界的美好，坐擁快樂與幸福。

第四章

轉念功課進階心法

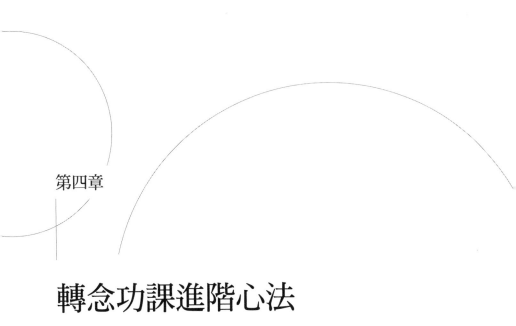

簡單來說，轉念功課就是由四個提問與反轉所組成的五個步驟。這五個步驟各自都有背後深厚的意義、作用及想要引導我們跨出的下一步，進而帶領我們清楚看到，自己多年來如何捍衛從小到大習得的慣性思維，以及因採取這樣的角度解讀事件，而衍生各種念頭與情緒，不但框限了我們看世界的角度與範圍，也左右了我們的行動與選擇，甚至讓我們一直處在負面情緒中，深感痛苦卻又動彈不得。

常常有人問我：「佩霞老師，第幾個提問最難？」我的答案是：「第一個最難。」因為我們幾乎不曾想過要質疑自己的念頭，這才是最難突破的關鍵。我們通常會想：「他怎麼可以那樣想？」卻從來不會回頭質疑自己的想法。說穿了，他當然可以那樣想！腦袋是他的，他當然可以愛怎麼想，就怎麼想。不是嗎？單單這個念頭，讓我們熬了多少夜？壞了多少心情？死了多少細胞？答案就這麼簡單。無論多高的學位，修行了多少年，跳脫不了這個大哉問的人，還真大有人在；他就是可以那樣想，他就是可以那樣講，他就是可以那麼做，這就是現實與真相。當我們放下在這個念頭上的糾葛，就可以回到當下，清醒的對自己說：「有趣，我怎麼會這樣想？」

是的，第一步是最困難的。就像上一章提到我先生的思考模式，一直以來碰到問題，就是不停想辦法解決，從來不曾質疑過「懊惱」本身可能為他帶來不安與焦慮，甚至可能惡化他的心律不整，危害身心平衡與健康。二十多年了，直到這幾天，他才願意讓我一同探索他腦海裡的聲音。

這也難怪，記得我剛到美國上轉念課時，也覺得自己沒有問題需要處理，因為：一、我是為了成為一位更好的翻譯而來；二、我是為了要了解轉念功課如何運用在遭受性侵害的女性身上，和我自己一點關係都沒有。基本上，我是沒有問題的。

在填寫「批評鄰人作業單」時，要把心中對某個人的怨、怒、情緒寫下來，而我卻苦無對象。現在回想起來實在挺好笑的，當時明明對自己離婚的事情滿腹牢騷，卻要表現得好像什麼都已經搞定的姿態。哎，難啊！即便面對的是完全不認識、八竿子打不著的老外，還是無法卸下心防，誠實面對自己的小鼻子、小眼睛。幸好，棒子打過來幾次之後，也就醒了。

我是相當幸運的，多年來的靜心觀照訓練，讓我比別人更輕易覺察自己念頭的荒謬，但卻也不太明白能用什麼快速有效的方法將它化解。後來接觸轉念功課，似乎給了我一把解開所有困擾的鑰匙。它的神奇之處在於，只要花時間一步一步跟著做，突然間，自己就會放手了。時間久了、練習次數多了，自然成為我的無意識反應，不斷質問自己：「真的嗎？」答案當然顯而易見，接著我就會看到自己莞爾一笑，後面的步驟也都免了。

接下來，我們將一一拆解轉念的四個提問與反轉，仔細說明為什麼要對自己問這些問題，以及提問本身所要揭露的盲點。

轉念步驟 1

真的嗎？

秀桂和元成這對夫婦感情不錯，但元成工作忙碌，經常無法履行和秀桂的約定，明明兩個人約好一起做的事，元成常常臨時因為要加班而爽約，秀桂對此很有意見。

那陣子有一部電影很熱門，秀桂早早就和元成說好，要元成帶全家一起去看，結果出門前，元成又因為公司有急事，必須趕去處理，只好讓秀桂自己帶兩個女兒去。滿心期待一家四口出門走走的秀桂，認為元成又放了全家鴿子，心裡很不是滋味，索性哪兒也不去，一個人關在房間裡生悶氣，愈想就愈覺得元成根本不在乎她，也不在乎女兒，才會一次又一次的爽約。

小女兒看媽媽這麼生氣，跑來撒嬌，問媽媽怎麼了。秀桂說：「我很氣爸爸這樣不守信用，他一定是不愛媽媽也不愛家，才會老是放我們鴿子。」小女兒聽了之後問秀桂：「媽媽，爸爸不愛你也不愛家，真的嗎？」還在氣頭上的秀桂賭氣的說：「對啊，當然是真的！」沒想到小女兒接著說：「媽媽，那不是真的喔！爸爸不能和我們去看電影是一回事，但是爸爸很愛我們。」

聽到小女兒這番話，秀桂突然想到自己學轉念學了那麼久，但不開心時居然完全沒派上用場，反而讓孩子來幫自己轉念。原本秀桂認定元成就是不愛家，才會寧願加班也不想陪家人，經小女兒這麼一說，秀桂自己都覺得好笑，明明先生對家庭付出那麼多，工作忙碌也是為了賺錢養家。女兒一句「真的嗎？爸爸不愛你也不愛家，真的嗎？」一棒敲醒秀桂，她忽然覺得自己真是小題大作，不愉快的心情馬上一掃而空。

◆替大腦按下暫停鍵，不再任由情緒膨脹

轉念功課第一步，就是問自己：「真的嗎？這是真的嗎？」這是重要的第一步。只要意識到自己有任何不悅的情緒，就趕快把那個引動不舒服的念頭找出來，問自己這個念頭是不是真的。這麼一來，往往可以在第一時間截斷自己一直以來被念頭牽著走的慣性思考模式。

當我們情緒高漲時，問自己：「真的嗎？」雖然未必能讓情緒馬上平復，但至少不會盲目任由情緒不斷膨脹，思緒像野馬一樣奔騰；也不會不自覺的繼續餵養各種悲劇情節，強化那個引動不愉快的念頭。轉念功課能讓大腦安靜，盡快按下暫停鍵，好讓思緒跳脫焦躁不休的瘋狂。當大腦停止繼續被故事帶著走，不再處於防衛的備戰狀

態時，才會有餘裕和空間，看到多方不同的可能性。

剛接觸轉念的人，最初必須要很有意識、自覺的督促自己。這時候會發現，原來腦海中的負面念頭簡直多如牛毛，往往一個念頭都還沒轉過去，另一個馬上就跟著冒出來，只能一轉再轉、沒完沒了的轉，轉到後來甚至覺得頭都昏了。曾經有位學員分享，初學轉念時，轉到後來很想把轉念功課當垃圾一樣扔在地上，然後大力踩個稀巴爛，因為實在太煩了，這位學員的心聲，當下引起身旁許多共鳴與笑聲。

初學轉念的人，之所以會有這樣的反應，實在是因為一旦開始轉念，很快就會發現，一切執念都是假的，都是想像出來的，是我們在無限多的可能中，所選擇的其中一個觀點；而荒謬的是，我們總把它當成唯一真理，不容許任何質疑。因此，一旦發現一個簡單的問句，就可以暫停大腦的狂亂時，會呈現一種無所適從的「當機」，這種狀況剛開始會讓人心慌、不知所措。然而，當漸漸瞥見信念的不盡可信，便能溫和有耐心的讓這句「真的嗎？事實是什麼？」一發芽、茁壯，最後大腦便願意放手，讓這句箴言幫助我們撥雲見日，走出過往的陰霾。

轉念功課的第一句提問：「真的嗎？」可以預期，答案往往是堅決肯定的：「當然是真的！」沒人會想像自己信守已久的念頭，竟然不是真的，不可能！之所以如此困難，原因在於，我們無法分辨信奉已久的道德紀律與「當下現實」的差別。

「真的嗎？這是事實嗎？」並不是問觀念上的好壞對錯，而是在問「真的」還是「假的」，「現實」還是「虛構」？以上一章容穗搭捷運的例子，當她抱持「在捷運上不應該把手機聲音放出來」的想法時，只要在捷運上遇到有人把手機聲音放出來，同時沒有人發揮正義去制止時，她就會反感、不舒服。

但如果容穗當下問自己：「真的嗎？事實是什麼？」只從「事實」的角度來看，很清楚就會看見這個念頭「不是真的」，是「虛構」出來的。因為現實生活中，每天都有人在捷運上把手機聲音放出來，而且還不少；更重要的是，這些人通常也不會因此遭受什麼損失，反而是容穗因為抱著念頭不放，讓自己的心情深受影響，甚至身體也不舒服。最後受苦的，可能就只有她一個人。

意識到這件事，並不代表這件事值得鼓勵，因為好不好、對不對並非轉念功課要處理的範疇。最初練習轉念時，可能會覺得好像一直在挑剔自己，直到嘗到解脫的甜美果實，才會相信這個工具對自己有好處。

願意看清楚「我的信念並不是真的」需要很大的勇氣及強烈的意圖，因為那是決意不再混沌度日的起點，也是開展新生活的第一步。

◆─痛苦只是薄薄的一層思想

轉念的第一個提問：「真的嗎？」是要讓我們看清楚事實的真相，那些我們一直認為「不應該」、「不可以」、「不行」的信念，往往帶來極大的痛苦，如果可以清楚看到「事實上就是可以啊」，那麼所有的問題都沒了。

早上咸月還沒起床，聽到房間外面媽媽正在跟爸爸說，冷凍庫裡的食物都壞掉了，因為前一晚咸月買了很多冰淇淋回家，放進冷凍庫時沒留意，門沒關好，就這麼開了一整晚，加上天氣熱，隔天早上裡面的食物都壞了不說，廚房地板也被融化的冰水弄得一團糟。她聽到媽媽這麼說，心裡很不高興，自己明明是好意，天氣熱買些冰品給大家消暑，不但沒人感謝她，反而還挨罵，真是好心沒好報。

事實上，那些壞掉的食物和地上的髒水，的確是因為咸月不小心造成的結果，媽媽只是在陳述一個事實，並不是在罵她，咸月當然可以表示自己是一片好意，不過一旦陷入「媽媽在罵我」的思緒，就很難看清事實的真相。

「真的嗎？」是個大哉問，更需要釐清的是「事實是什麼？」

假設媽媽真的罵了咸月，她能做的就是問自己：「媽媽不應該罵我。真的嗎？」事實上，媽媽本來就會說孩子，一旦咸月的腦子想著：「媽媽不應該罵我。」只會讓自己陷入惱怒。身為母親的重要任務之一，就是在孩子做錯事時導正錯誤。咸月的確造成了一場廚房災難，而媽媽指出這個事件和咸月有關，從「事實」的角度來看，並沒有責罵的意思。

痛苦只是薄薄的一層思想，人和人之間的許多衝突，其實都是自己腦海裡的故事衍生出來的結果。如果看清了「實相」，這個世界上大多數的人也就解脫了。

轉念步驟 2

我能確定這是真的嗎？

佐筠的個性溫和好相處，卻是個外柔內剛的人，凡事有自己的看法，一旦認定就很難被說服。不熟的人會覺得她很親切，但相處久了，就會看到她固執以及不容易接受別人意見的另一面。剛開始接觸轉念時，聽一起上課的同學有很多分享，她總會半信半疑，也不認為自己有什麼地方需要調整，直到持續上課一陣子，並要求自己認真練習之後，才漸漸有了體悟。

對佐筠來說，轉念心法的運作有點像是剝皮的過程，也就是一層一層慢慢看清真相，避免自己又掉入慣性思維的漩渦中。

佐筠的哥哥是對錢很謹慎的人，日常生活用度非常節省，即使面對家人也是如此，能不花錢就不花錢，雖然是親兄妹也總是明算帳。但佐筠的金錢觀和哥哥截然不同，身為老么，從小備受寵愛，一向重視生活享受，很捨得花錢買東西、找樂子，從來沒為錢煩惱過的她，總認為錢本來就是要用來花的，像哥哥那樣精算用度，在她看來實在很小家子氣。

因為兄妹倆對於金錢的態度和使用習慣不同，佐筠覺得哥哥愛計較又吝嗇，好幾次都因為錢的事和哥哥發生口角，要哥哥拿出錢來，就像是要他的命，也因為幾次不愉快的事件，讓她一心認定哥哥就是小氣鬼。

佐筠還記得當時想把「哥哥很小氣」這個念頭用轉念功課練習時，花了好一番工夫。之所以會想要把這個念頭轉掉，是因為她知道，雖然哥哥很小氣，但只要不涉及金錢，哥哥還是很疼自己的，所以還是想試試看，希望可以不再因為哥哥小氣而不開心，於是她問自己：「哥哥很小氣，真的嗎？」

「是啊，哥哥真的很小氣。」只要想到每次家裡買東西，小到一杯飲料，大到每個月的房屋貸款，他都把錢算得仔仔細細，連幾十塊錢都要分清楚，佐筠就很不舒服，心想如果這樣還不算是小氣，那什麼才算是小氣呢？

「我百分之百確定哥哥真的很小氣嗎？」佐筠再問自己。原本很肯定的她，突然想到自己唸大學時，想買電腦但錢不夠，還是已經在上班的哥哥幫忙把不足部分補上，才買了新電腦，如果哥哥真的是小氣鬼，怎麼會捨得花錢替妹妹買電腦呢？

佐筠意識到，其實哥哥並沒有自己想像的那麼小氣，只是比較節儉，喜歡凡事清清楚楚，不要彼此虧欠，但自己卻一直認定哥哥就是個小氣鬼，還因為覺得哥哥吝嗇而氣了很久很久。

直到做過轉念練習，佐筠才發現真正小氣的人並不是哥哥，而是自己。

她意識到，自己之所以責怪哥哥吝嗇，是因為總覺得自己出的錢比哥哥多，每次家裡要添購東西，哥哥好像都可以不出錢，實在很不公平。說穿了，這並不是哥哥小氣或愛計較，而是自己在跟哥哥計較。或許不想面對原來自己才是那個又小氣又愛計較的人，所以就選擇責怪哥哥。事實上，如果不是自己愛計較、心胸狹窄又小氣，又怎麼會在意這些事呢？

也是在做完轉念練習才發現，人需要很大的勇氣，才能勇敢接受並承認：「原來我才是自己最討厭的那個人！」

「我能確定這是真的嗎？」讓自己重新定錨

轉念功課的第二個提問：「我能確定這是真的嗎？」是在回答完「真的嗎？」後，再次對抱持的念頭所發出的質疑。前面提過，第一個提問的答案，通常都是「當然是真的！」而且毋庸置疑。因此，再次追問：「我能確定這是真的嗎？」是為了沉靜下來，好好的再想一想，並且支持我們更深入檢視「信念」以及「事實」之間的差距。

好比當我認定「今天不應該下雨！」但事實卻是外頭正在下雨。如果我一直抱著執念不放，並且還因為老天不如我願而痛苦不堪，你覺得是誰有問題？一定是我嘛！絕非「事實」本身。就算我敲破頭，事實還是事實，現況還是現況。緊緊抱住自己的執念，不願意接受下雨的事實，愈痛苦難過，就會給自己製造愈多麻煩。

甚至還可以再問一句：「我能百分之百確定這是真的嗎？」再次給自己機會重新定錨，釐清真相。

有些人在回答「我能確定這是真的嗎？」時，仍然依照原本的慣性思維給出肯定的答案，但當被問到「我能百分之百確定這是真的嗎？」，因為有了第一個提問，先幫大腦按下暫停鍵，回答第二個提問時，大腦便有空間更積極去搜尋是否真的找不到與信念不同的事實。這樣的過程往往毫無例外的，會幫我們找到證據和線索，讓自己不再一味相信抱持的念頭。

之所以永遠都能找到有違我們信念的事實，原因在於所有念頭本來就只是諸多可能性的其中之一，也因此只要審慎檢視，一定都能找到事實例證，不再堅持「百分之百能確定」。

轉念功課不是短期性的工作。在日復一日的生活中，常常有各種狀況發生，如果某個特定的「人生功課」一直沒完成，那麼同樣的問題就會一再反覆出現。因此，當我們開始對一個人或一件事感到懊惱，就可以練習轉念功課。一旦問題解開了，那麼即使同類的問題日後再次出現，便可迎刃而解。就像佐筠本來一直認定哥哥很小氣，但解開這個結之後，下次看到誰很小氣時，心裡就會冒出：「哈哈哈！又來了！我的習慣又來了。」只要不厭其煩的一再練習，把小氣的問題看明白，就不會再為旁人小不小氣而苦惱了。

轉念步驟3

有這個念頭時，我如何反應？

那一天怡勤下班搭公車回家，車上擠得滿滿都是人，她被擠到車尾時，見到有位老太太把包包放在旁邊的座位上，一個人就占了兩個座位，從頭到尾都沒有想把包包移開的意思。怡勤心想，眼前的老太太真自私，看著車裡這麼擁擠，居然還好意思一個人占兩個座位。雖然自己什麼話都沒說，但內心對這樣的行為很不以為然。

隔了幾天，怡勤休假出門逛街，看到寢具特賣展，順手就買了兩個枕頭，因為不趕時間便決定搭公車回家。由於不是尖峰時段，車上乘客很少，拎著兩個枕頭走了不少路的怡勤，趕緊找了空位坐下來。原本想順手把枕頭放在旁邊的空位上，突然想起自己前幾天搭公車時，在心裡批評那位老太太的自私，如果現在也把手上的東西放在空位上，自己不就變成和她一樣的「自私鬼」了嗎？這麼一想，決定整趟車程都吃力的抱著兩個枕頭，雖然手很痠，而且直到下車前，根本沒人要來坐她旁邊的座位，然而她還是過不了自己心裡這一關，不肯把兩個枕頭放下。

好不容易回到家，累倒癱在沙發的怡勤心想，自己也不知道在堅持什麼，明明車上還有很多空位，為什麼不乾脆把枕頭放下？這時才發現，原來自己無形中被自己的執念捆綁，成了不知變通的人。

其實，像怡勤這樣被偏執的念頭綁手綁腳的例子並不少見，記得良真也跟我說過類似的事。良真年輕時，從來就沒坐過博愛座，即使再怎麼累或不舒服，都寧願站著，而且每次看到有年輕乘客坐在博愛座上，總忍不住要在心裡犯嘀咕「沒教養」。

前幾年，良真患了足底筋膜炎，如果站太久或走了太多路，腳底板就會痛得受不了，所以上了公車，只要有空位她就一定會坐下來，也是從那時候開始，就算是博愛座她也會去坐，良真告訴自己，看到比自己更需要座位的乘客再起身讓座就好了。

直到良真開始坐上博愛座，才發現那根本就是一件稀鬆平常的事，不知道自己多年來在堅持什麼。她說自己總是很在意別人的一舉一動，認為不可以這樣、不可以那樣，而在要求別人的同時，無形中也給自己設下很多框架，這幾年才慢慢發現，其實根本不需要想那麼多。設下一大堆無謂的限制，結果只是讓自己日子過得很不輕鬆。

怡勤和良真的例子，完美的闡述了轉念的第三個提問：「有這個念頭時，我如何反應？」所凸顯的重點。

怡勤和良真都抱持特定的念頭，認定如果沒按照那樣的標準行事，就是很有問題的人，看到別人做出不符合自己信念的行為舉止時，就會在內心發出批判，同時貼上負面標籤。事實上，我們對他人的批評，都和自己有關，只要願意回過頭來仔細參問，看起來好像是為別人解套，拿下標籤，但事實上真正從中解套的是自己。

怡勤認定老太太占兩個座位「太自私」，良真認定年輕人坐博愛座「沒教養」，這些看起來是對別人的批判，沒想到回頭卻也把自己給綁死了。怡勤和良真如果沒有對別人的批判，就不會給自己設下這些無謂的框架，而那些對此沒有批判的人，就可以更自在的過日子，不必把自己撐得那麼辛苦。追根究柢，正是因為死守著一個念頭不放，以至於生活失去彈性。

這就是凱蒂設計「批評鄰人作業單」的巧妙之處。從批評別人當中，來看清楚自己其實也在受苦。當我們在批評別人的同時，無疑也是在評斷自己，因為我們同時也把自己給框限住了。

懂得放過別人，就能放過自己；懂得放過自己，就能放過別人。透過轉念功課的實際操作，幫助我們破除凡事都要區分對錯好壞的習慣，逐漸能中立而單純的看見事實真相。鬆綁腦中的緊繃念頭，其實世界是挺可愛的，因為大家都可以活得輕鬆點。

別把他人的意見照單全收

曉彌已經在現在的公司待了快二十年，兩年前調到新部門，換了新主管大衛。她變得很不開心，工作壓力大到甚至一度考慮離職。大衛是要求很高的人，說話責備的多，讚美的少，對曉彌的工作表現不甚滿意，常常說她做事不夠仔細，總要他在後面盯著，實在很不放心。

雖然曉彌自認工作盡心盡力，也都把大衛交代的工作做好，但他總不滿意，不但嚴格挑剔，說話也不留情面。曉彌覺得無論自己再怎麼努力，大衛都會在雞蛋裡挑骨頭，好像做得好是應該，從來也沒有一句肯定，讓她感到相當挫折。

去年夏天，大衛突然離職，曉彌總算鬆了口氣。想起和大衛共事的時日，真是每天焦頭爛額，甚至只要一看到他，隨即冒出「又要來找我麻煩了」的念頭，整個人緊繃加上焦慮，根本無法靜下心來好好工作，一方面要盡快完成交辦的任務，一方面心理素質要夠強，才不會被他那既直接又尖銳的言詞影響。

曉彌從小就是乖孩子，媽媽說什麼就做什麼，一心一意盡可能達到媽媽的要求與期待，如果達不到標準，就認定自己「太差」、「不夠好」。

直到大衛離職，練習轉念時，才發現自己從小到大一直渴望被接納，渴望滿足身邊人的期待，一心想要得到所有人的認同，才會導致工作上有那麼大的壓力，腦子裡充滿兒時習慣性的自我批判和「我不夠好」的信念。當遇到大衛這樣的主管時，自然會跟著認定問題全都出在自己身上，拚命想做得更多、更好，無意識中陷入身心俱疲的惡性循環。

練習轉念功課之後，曉彌便能看清楚問題所在，明白自己心裡編寫的小劇場，主要是因為認同主管認為「自己不夠好」的信念，才會拚命想討好他的索求，希望改變他對自己的印象。無奈對方性格急躁，加上習慣把情緒垃圾往他人身上推，讓曉彌著實嘗盡苦頭。

如果能早點看清這是「別人的事」，幫自己戴好保護罩，即使他在旁邊批評、要求，自己應當還是可以穩若泰山，好好分辨哪些情緒化的字眼和自己其實並沒有關係。畢竟自己在公司任職了二十年，工作表現怎麼可能不符合公司期待？在遇到這位主管之前，同事也都對自己讚譽有加，不是嗎？

這段時間，曉彌一直試圖把之前被擊碎的自尊心一點一點整合回來。一旦放下「我不夠好」的念頭，就算主管、同事習慣性的碎唸，可以輕鬆告訴自己：「喔！好，我知道了。」只要不違反公司規章，就由大衛盡情發表想說的，那是他的自由，而自己只要繼續做好該做的事。如果有餘力，可以想想對方講的有沒有可取之處，在能力範圍內做一些調整因應，至於對方苛刻的施壓，或情緒上的宣洩，其實與自己無關。

曉彌如今想起之前緊張又可憐兮兮的自己，忍不住笑著說，以後要是讓她再遇到像大衛的主管，她一定可以輕鬆的回應對方：「好好好。」心裡不需要對他有那麼多不必要的抗拒，也不用認定他是在針對自己，其實大衛對大家的要求都一樣嚴苛，但從頭到尾辦公室就只有她一個人拚命想滿足不合理的期待。

一個人如果不被「我不夠好」的念頭綁架，心情自然會輕鬆許多，也不會跟著對方的故事起舞，更不會因為誰說了一句什麼話，自己就像氣球被針刺了一下馬上消氣。一個感覺自身飽滿的人，往往頭腦也比較清明，遇到他人不友善的攻擊時，也能平和的告訴自己：「他說的話我聽到了，雖然有些受傷，卻不是我的問題。我決定去買冰淇淋，疼惜自己。」

轉念功課的第三個提問價值非凡，它讓我們看清楚，不悅的念頭如何影響我們的身心。當某個引發負面情緒的念頭一冒上來，除了影響我們的抉擇判斷，也會導致情緒起伏不定、精神焦慮；而心理層面上林林總總的影響，也會波及生理的平衡，導致身體健康受牽連。

我們的身體根本無法判別腦海出現的念頭、影像、畫面是真是偽，身體完全配合頭腦提供的訊息，無論是從內在或外在。我舉個例子，你馬上就會明白。

當晚上做噩夢，身體對夢中情境完全無法分辨真偽，無意識總是對出現的畫面照單全收、信以為真，而身體則會隨之反應。當我們在夢裡受到攻擊，驚醒時會心跳加速，甚至無法呼吸；夢到自己迷失在荒郊野外，醒來時身體痠痛緊繃；夢到母親過世，醒來時心如刀割、滿臉淚水……因為身體並不知道那是夢，是虛構、是假象。

無意識中，我們都生活在自己建構多時的信念中，隨著信念起舞。身體對自己的念頭絕對忠誠，從不質疑，我們所有的行為反應都是呼應念頭和想法，因此，別以為睡醒的我們是清醒的，睡醒之後，我們仍然活在無意識的藍圖架構裡，也可以說是習慣性的信念框架中。這就是東方哲人或禪宗幾千年來試圖喚醒我們的教導。

願我們能開始明察秋毫，仔細關照「有這個念頭時，我如何反應？我是怎樣的人？」不再任由無意識的「念頭」持續對身心造成負面影響，該是看清楚、參明白、醒覺的時候了。

◆當別人不懂好好說話，我們更需要懂得轉念

大多數人都沒接受過「非暴力溝通」的薰陶，因此也不全然了解好好說話的精髓，或了解如何善用語言的力量。我們時常搞不清楚什麼話能講，什麼話不能講，反正，大家都說做人要誠實、要直接、不虛假，就一股腦兒把發洩情緒當作值得鼓勵的講真話運動，或是在把醜話說出口時，立即補上一句說是為了對方好，隨便用個冠冕堂皇的理由試圖說服自己和別人。

當我們帶有自我懷疑，像是「我不夠好」的信念時，別人隨便一句負面的語言，我們不小心就全攬在自己身上，毫不自覺，轉身後只感覺心頭悶悶的，肩膀緊緊的，心情怪怪的。有些人可能會覺察到這是別人對我們的「情緒勒索」。有些時候，當別人丟出情緒垃圾，我們便毫不猶疑的承接，那是因為對方的態度，呼應了我們內心深處某個角落的聲音。當情緒能量彼此對應上了，誰也離不開誰。

以曉彌的故事為例，只要大衛在她的身旁出現，她整個人和思緒會不由自主往他身上投射，這就是所謂的吸引力法則，也是整個辦公室只有她深受其害的主要原因。

如果不經過有意識和覺知的一一參問那些無意識的念頭，當別人丟出來的負面情緒和我們的負面信念相呼應，它們會彼此吸引、強化、糾結，同時轉為對自己的批判。

馬歇爾．葛史密斯博士（Dr. Marshall Goldsmith）是美國最成功的企業教練之一。多年前我接受他的訓練，之後也成為他國際企業體系中的領導教練，加上過去幾年在哈佛大學甘迺迪學院研讀公共領導力學程，對於一名主管該有的基本素養，我心中自有一套見解。

在職場上，主管用謾罵的方式對待部屬是最不明智的做法。每個人在被指責的當下，往往是自責、防衛、忙碌、焦慮的，大腦運作直接卡關、當機，不但思維僵化，身體能量也會緊繃無法流動，想要以責備的方式把對方變聰明，通常都是徒勞無功。

如果有人想用責罵的方式讓我們進步，我們直接的反應就是防衛與抗拒，馬上陷入焦慮，這時怎麼可能聽得到對方說的話？又如何採納對方的建議？道理其實很簡單，因為沒人喜歡被用惡劣的方式對待，所以很多時候愈是批評責罵，愈讓人無法進步。即使說是恨鐵不成鋼，道理雖然講得鏗鏘有力，但被羞辱的一方還是無法接收，也不會願意承認任何對自己的謾罵是有效的。我們打心底不會信任這樣的人，只會對其人格存疑。最終形成兩股力量，互相抵抗對峙，雙方都無法做出明智的選擇。

「非暴力溝通」談的是溝通，著重於人和人的互動交流。創始人馬歇爾・盧森堡博士（Dr. Marshall Rosenberg）的心理學理論相當扎實，在在提醒我們語言使用的精髓與價值，在開口前，如果懂得先用轉念把心態調整好，所有事幾乎都難不倒自己。

對待別人，我們可以運用「非暴力溝通」選擇好好說話，與人為善。對待自己，正因為不是每個人都懂得溝通的藝術，所以我們更要學習轉念功課來跟自己好好說話，同時，培養有益身心的思維，讓腦海冒出來的每個念頭都能溫暖自己，疼惜自己，甜蜜自己的存在。

即使別人用粗暴的方法處理事情，我們也能騰出足夠的心理空間找出較理想的方式回應，就算對方持續用魯莽的方式對待，那是他的事，而我們的事，是聰明做出對自己最好的抉擇。如此一來，就算面對蠻橫無理的人，仍然能為自己套上明智的保護罩，不受侵擾，不再被一些口無遮攔的語彙弄得人仰馬翻。

當「對方正在欺負我」的念頭遭破除，即使眼前的人無理叫囂，即使看在眼裡百般無奈或不捨，仍能保有那柔軟、包容、同理、可貴的赤子之心。

每個人都會做出一些我們自認為「不應該、不可以」的舉動，問題不在對方，而是在於我們的認知。其實，每個人都在努力建構、維護自己的世界，只是切入的角度不同。這些道理大家都懂，只因脾氣一上來，腦子就不清楚了。一旦明白了，就可以安靜的騰出空間，尊重他人去做他們自己想要的抉擇。

轉念步驟 4

沒有這個念頭時，我是怎樣的人？

頤菲住得離公車總站很近，每天早上搭公車時，都會有位子坐。有一回排在前面的A女士，和排在頤菲後面的B女士正好認識，於是這兩人聊開了，原本排在後面的B女士很自然的插隊到頤菲前面。她覺得好像不太對，便開口跟B女士說：「小姐，請你到後面排隊。」對方聽到了，卻也沒有給出正面回應，幾乎是沒有聲音的「嗯！」了一聲，看來並沒有想移動的樣子，繼續兩人的交談。

頤菲雖然心裡嘀咕，但念頭一轉：「我已經說了該說的話，對方相應不理，那就算了，反正這是起站，算一算前面人沒有很多，應該都有座位。」這麼一想，她輕鬆多了，繼續滑手機，安逸的等著公車。

頤菲看到有人插隊，決定把自己的意見表達出來，但對方沒有接受頤菲的提醒，甚至連正面回應也沒有。雖然結果並不符合預期，但也沒有繼續糾結的必要，而是認為已經採取行動，對自己有所交代，至於別人要怎麼回應，不是她的事。

從某個角度來看，適度表達意見是重要的，很多人看到不合理的事，心裡覺得不舒服，卻未必會出聲制止，常常只是氣在心裡，卻沒有任何行動。之所以如此，一來是覺得別人可能不會接受自己的意見，二來也擔心惹上不必要的麻煩，所以多數人選擇忍著不開口，卻也常常使得不愉快的感覺更加強烈。因為除了事件本身和自己信念有所衝突，讓自己過不去的，還可能是對自己缺乏道德勇氣而感到挫敗與自責。

頤菲的方式是個很好的選擇，當看到有人插隊，她沒有默不吭聲，而是好言提醒，雖然對方不予理會，但她也沒有因此被激怒，反而能以理性判斷做出讓自己輕鬆愉快的選擇。

那天讓她最開心的莫過於，看到自己不費吹灰之力就把穿在身上多年的戰袍脫下，她整個人都快飛了起來。事後想想，真該謝謝那位插隊小姐。

◆採取行動前，先讓自己保持平和與理性

有一次我和家人去聽民歌演唱會，我特地買了最貴的票，想好好欣賞難得的音樂盛會，沒想到樂聲一響起，坐在正後方的一對男女就開口不停講話。

一開始我有些不耐煩，好不容易來聽這場期待已久的演出，也花錢買了最好的座位，怎麼想得到會有人從頭到尾像是早期默片電影解說員「辯士」，在我背後同步播

放，兩人你一句、我一句大聲暢談，坐在附近的聽眾明顯也都受到影響。

我相信這是不自覺的舉動，兩人專注於滔滔不絕的閒聊中，不知道已經干擾到坐在正前方的我。現在想想也真的很好笑，兩人的聲音在我耳邊一左一右，比演唱會的音響還要「立體」，只要歌手的聲音變大，他們也跟著同步放大音量。我不情願的聽著他們的對話，女士不斷向老先生說明舞台上正在進行什麼，而老先生也大聲回應。

齁，應該是老先生重聽的關係！當下念頭一轉，我想如果我是老先生，也許也會很想問清楚現在是誰在唱什麼歌吧！每轉一次念，我就覺得自己沒那麼生氣，也多了一些體諒。儘管如此，兩人不間斷的交頭接耳，的確使我的聆賞品質大打折扣。

好不容易等到我最欣賞的歌手許景淳上台時，背後兩人依舊繼續開懷暢談。景淳的優美歌聲格外需要安靜欣賞，如果他們繼續和歌手ＰＫ音量，我將失去聆賞景淳好歌喉的機會，而且我回去後一定會抱怨。

想到也許有人和我想法一樣，於是找到一個適當的機會，趁著舞台燈光照過來他們能看得清楚，而且音樂聲音還算大時，我帶著平常對小孫子說話的微笑和態度，轉過頭望向兩位，比了一個「噓——」的動作，加上一句「謝謝！」我看到兩人一臉抱歉的樣子，馬上對我點頭示意，看來他們的確沒意識到談話音量對旁人的影響。兩人果然停止交談，約莫過了半個小時，就先行離開了。

當情緒穩定並且帶著同理心，相較於情緒高漲還帶著怒氣，傳遞的能量截然不同。對我來說，把意見表達出來非常重要，但在溝通前，最好能先把自己調整到不帶負面情緒的狀態，可以好好說話、好好溝通，並且做好接受對方各種反應的心理準備。無論對方是否願意接納我的意見，起碼我把意見表達出來，事後就不會責備自己無作為。

重點是，對方沒有理由一定要遵循我的「應該」，而我非常感謝他們為了配合我的需求，而放棄在演唱會中暢談的樂趣。

轉念的第四個提問：「沒有這個念頭時，我是怎樣的人？」就是希望把停滯的能量解開，讓自己回歸輕鬆自在的狀態。對很多人來說，要放掉習以為常的念頭不是容易的事，所以一旦有所突破，往往會覺得收穫滿滿。

你我在意的事情也許不同，但曾經有過的心態卻大同小異。記得上一章提到容穗在捷運上聽到有人把手機聲音放出來就抓狂的故事嗎？當我們帶著抗拒的念頭，一旦遇上有人違反自己的信念，很自然都會沒完沒了的嘟嘟囔囔，甚至氣到冒煙。也因為沒有挺身制止，而氣自己、氣沒有公德心的人，氣同車乘客裝沒看見。光想到容穗的煎熬，我就可以感覺肩膀不由自主的緊了起來。

假設當時沒有批判的念頭，或許可以提醒對方：「你好！你或許不知道，你手機的聲音還滿大的……」對方如果不領情，容穗可以繼續轉念，把對方的不友善消化掉。重點在於，我們也要知道自己有沒有能耐去承受被拒絕的不快，所以決定採取行動前，請先讓自己回歸平和理性的狀態，才能像頤菲一樣，為自己覺得對的事情發聲，同時又能平和開放的接受被拒絕的結果。

◆意識到自己也會犯錯，只是場合或事件不同

認為別人「犯錯」而感到憤怒時，如果願意反觀自己同樣也會犯錯，情緒其實很

快就可以平復下來。只是，這麼容易讓人釋懷的一招，卻很難植入我們的無意識中。

容穗曾經很苦惱的問我：「難道我們不應該抱持俠義之心嗎？」

「當然不是！但如果俠義之心帶給我痛苦，而我又無法真的採取什麼行動，抱著這樣的信念又有什麼意義？」

我告訴她，我或許不算是有俠義之心的人，但自認為是喜歡幫助別人的人。走在街上，只要看到有人需要幫忙，我很樂意伸出援手，而我並不會把這些行為當作俠義之舉。對我來說，那就是去做一件能力可及的事。我寧願告訴自己，我是個溫暖的人，僅此而已。即使曾替人擋在槍口前，我也沒給自己貼上俠女的標籤，因為太沉重了。如果做不到又深感內疚自責，那才真的叫做活受罪。所有會讓我痛苦、帶來壓力的信念，我都會放掉。

容穗說自己最懊惱的其實是，既然學了轉念，也已經人近中年，應該要成熟到連負面念頭都不應該升起才對啊！這個世界永遠都會有人做出沒公德心的事，自己明明知道，為什麼還要受影響？容穗想了又想，結論都是自己的問題，是自己修養不夠，才會老看不慣別人，對人有那麼多批判。

我看著懊惱又自責的容穗，有點心疼，於是便問她：「你不應該起這樣的念頭，真的嗎？」

「我的確起了這樣的心。所以不是真的。」她已經很熟悉轉念，知道用事實判斷。

「那麼當你有『我不應該起這個念頭』的念頭時，你是什麼樣的狀態？」我問。

「很緊繃、很不放鬆吧！我會責怪我自己，覺得自己很遜，很不爭氣，都學了這麼多年了，怎麼還是糾結在這些小事情上。」看起來她真的對自己很不滿意。

「那麼，沒有『我不應該起這個念頭』的念頭時，你覺得自己是怎樣的人？」我讓她想像一下。

「嗯，就會單純想說：『喔！原來我會這麼想。』」表情看起來輕鬆多了。

「那你比較喜歡哪個自己？」

「我喜歡後面比較放鬆的自己。」她臉上有笑意。

「那就對了，一切都是自己的念頭，和外在的人或環境一點關係都沒有，一旦沒那個念頭，日子可以很好過的。」

「可是想到這裡，我就更責怪自己了，為什麼我連不要升起這個念頭的能力都沒有！所以我說，這一切都是我自己的問題。」她收起笑容。

「重點不在於有沒有念頭，念頭可能突然出現，又突然離開。就算冒上來，充其量也只是『一閃』，我們可以輕鬆看待。我也會呀！如果不注意，某些負面觀感也會上來，就那麼一閃。這時候就跟自己說：『停，可以了，換個想法吧！』就這麼簡單。」我分享了自己的經驗。

「那要如何停止對自己和別人的批評呢？」容穗問。

「既然知道念頭是後天養成的，只要運用轉念去解構念頭就可以了。火車上大聲聊天，就是沒公德心？捷運上播放聲音，就是沒公德心？真的嗎？有沒有可能只是太投入、太忘情了呢？如果是，只要稍微提醒一句不就得了嗎？只要願意持續質疑自己的念頭，很快就可以放掉所有的批判，不舒服的感覺也就跟著不見了。只要一不舒服，就趕緊參問背後信念的真假，多多練習，很快就會看到，許多長久堅持的信念其實很不實際，難怪不快樂的人那麼多。」

我建議她繼續練習，同時告訴她：「一切都關乎意識和覺知，轉念功課是可以快速提升意識覺知的好方法，多練習總沒錯！」

轉念步驟 5

反轉，並找出三個實例

經過第三、四道的參問，我們幾乎立刻能比較出有沒有「干擾念頭」前後的差異，任何人，只要能細心關照念頭脫鉤後的生理與心理上的明顯不同，自然能做出對自己比較好的選擇。如果時不時又落入同樣的思維掙扎，不需要焦急或責怪自己，因為「自責」無非也只是慣性使然。

那些一直以來讓我們深信不疑、奉為圭臬的信念，硬生生嵌在腦子裡，決定了我們的思維脈絡，左右我們的行為舉止，甚至形塑我們的人格特質，這一切從來都不是一天、兩天的事，甚至有些信念是打娘胎出生後，就一再被強化的觀念，想當然耳，對這些信念的鑑別能力自然是先天不足。

想將這些執念從慣性思維模式中淡化，除了必須不厭其煩，一而再、再而三保持警覺，還要持續練習。但光用前面四個提問仍稍有不足，還需要一些更具體的證據來強化新的思維。

因此，當循序參問了：「真的嗎？」、「我能確定這是真的嗎？」、「有這個念頭時，我如何反應？」和「沒有這個念頭時，我是怎樣的人？」之後，還要再進一步找出反轉之後的念頭，以及具體支持這個新思維的實例，希望在好不容易看到的龜裂中，敲出更大的縫隙，引進明亮的光線，讓我們看清楚事情的本來樣貌。

照理說，要找出與既有念頭完全相反的例子好像很簡單，但對很多人來說，過程其實並不如想像中容易。

這一天，千敏和大家分享她在工作上運用轉念功課的過程。

千敏今年考績拿了乙等，深感挫折，她自認工作認真，效率也高，主管交辦的任務，不但每件都如期完成，同時也都符合主管的期待，達到該有的績效。在新主管上任之前，千敏的每位前主管總是給她最高等級的考績，當她看到自己這次居然拿了乙等，一方面出乎意料，另一方面也有些怒氣，不知道自己到底做錯什麼。

學轉念功課已經好幾年的千敏，一整天都在想這件事。她問自己「乙等」是大家公認不好，還是因為自己一向自我要求很高，才會覺得拿到乙等的考績很差呢？加上這是新主管第一次打考績，會不會是因為新主管比較嚴格，所以大家的考績都一樣變差了呢？還是主管只單獨給了自己這麼低的分數？她回想過去一年經手的案子，好像每件都還算順利完成，過程中主管也沒有明顯的不滿意，她實在想不透，為什麼會是這樣的結果。

想著想著，忽然一個念頭冒上來，她問自己：「主管不可以給我打乙等，真的嗎？」雖然主管在考核表上寫下的理由，她覺得很模糊，也沒什麼說服力，但「主管不可以給我打乙等」這個念頭，從事實的結果看來就知道並不是真的。

她已經很熟悉轉念功課，因此，很快問了自己四個提問後，便開始找和念頭相反的句子。

千敏想著：「主管『可以』給我的績效打乙等！主管本來就可以給他想給的分數，他有權力按自己的判斷和喜好去打考績，當然也可以提拔任何他想提拔的人。」想到這裡，千敏腦子突然停了下來。原本低落的心情似乎也轉向了，她開始面對現實，承認自己的情緒的確受到影響，而主管也有做決定的權限。她覺察到自己不再像之前一樣，一碰到類似狀況，心裡只是一味的抱怨與抗拒。

她記得還沒學習轉念之前，只要碰到類似委屈的經驗，就一直卡在那裡生悶氣，不斷問自己：「為什麼會這樣？是我不夠好嗎？難道沒看到我的努力嗎？我真的那麼糟糕嗎？為什麼要這樣子對我？我哪裡惹到他了？」當時的千敏，腦子裡只會不斷冒出一個又一個自我懷疑的大問號，愈想愈氣。任誰都知道，陷在這樣的思維裡，絕不可能有任何令人滿意的答案，只會愈想愈覺得對方不公平、不明理，甚至不稱職。

◆透過反轉展開新契機

現在的千敏一察覺到自己有難過的情緒時，很快就會先停下來跟自己說：「好，我承認我不開心。」然後下一步就非常務實的做反轉功課，「對啊，主管『可以』給任何他想給的分數。」這個時候，就是我們清明的意識在說話了。首先，她讓反轉後的念頭沉澱一下，想一想這個念頭是不是比之前設定的更接近事實？少了負面情緒的干擾，我們都能更務實的看清楚真相。

「他『可以』給你乙等，和他『不可以』給你乙等，你認為哪一個比較接近事實？」我問。

由於千敏已經是轉念功課老鳥，她帶著調侃自己的語調，歪著頭輕鬆的笑著說：「事實當然是『他可以』了！」有了這樣的認知，接下來就更容易進行。為了強化這個新想法的腦神經元，我請她找出三個可以支持這個想法的事實。對頭腦來說，這會有一些考驗，因為長期的抗拒，代表腦子裡根本從來沒有過這樣的想法，因此，這時候我們要很有耐心的陪著千敏，讓她有足夠的時間可以自己去思索。

轉念功課的每個提問對頭腦來說，都可能是新的挑戰，愈是帶有情緒的思維，表示愈固著，愈固著表示愈封閉。

她第一個想到的是，「因為他的職位比我高，公司賦予他的任務就是考核我的工作績效，所以他有權限可以給我乙等。」聽完千敏說的話，我請她深呼吸，讓這句話進入無意識的系統，慢慢發芽。

「再來一個！」我繼續引導她。看著她眼睛上下左右來回打轉，我知道她正努力從自己的記憶中尋找答案。這一次等待的時間相對久了一些，她吞吞吐吐的說了：「說不定……我不了解他想要的……如果我沒有抓到他想要的重點，他就可以給我乙等。」說完之後，她的眼睛突然亮了起來。

我們可能覺得這是如此簡單的答案，誰都能想得到，但是，妙就妙在這裡，我們在旁邊看別人面對問題時，都覺得很清晰、很簡單，不過對當事者來說，盲點就是盲點。這也是為什麼我一定要寫這本書，我希望每位讀者都能擁有一個可以幫助自己「覺醒」的工具。

「第三個呢？」我盡可能守住參問的過程，好讓她的頭腦繼續在這個議題上多盤旋著墨，以強化腦神經細胞的記憶。又過了許久，突然，她笑了出來：「哈哈，因為他覺得我有潛力可以表現得更好！」她笑得更開心了，馬上接著說：「我知道這是真的！哈哈哈！」像是逮到自己的祕密一樣，她整個人輕鬆又有活力。

在接受自己拿到乙等考績的事實之後，千敏開始用不同的角度思考，還有哪些是自己可以使得上力的地方？怎樣督促自己找到一個得以發揮才能的職務？如何主動找到懂得欣賞自己的主管？以及自己對未來的期許等。她不再把焦點放在批判別人，也就是「主管沒眼光、不識相、對我有偏見」，或自我否定，像是「我很差、能力不足、不會做人」的思維上，這一連串自我否定又好像無能為力的想法，和武俠小說中的自廢武功沒什麼兩樣，而我們卻花很多時間在做這件事。

千敏現在認同主管本來就可以評斷下屬的表現，這本來就是主管工作的一部分。今天如果主管覺得技術很重要，那麼擁有技術能力的人自然會被看重；如果主管覺得溝通很重要，那麼擅長溝通的部屬，自然比較吃香。一個在意資訊工程技術的主管，要是帶到一個溝通能力一流但技術能力不佳的員工，自然也會覺得這個員工不稱職，或不符合職務需求。

這麼一想，千敏覺得很慶幸，對自己的洞見也非常讚許。首先是很有意識的先釐清別人（主管）給自己貼的標籤（乙等），經過自我參問，現在她可以完全接受主管的考核，甚至覺得如果有機會，她也會想了解這位主管用人的優先順序以及思考方式，而不再只是對他全盤否定。再來就是，她更警惕自己，不要拿別人給自己貼的標籤來懲罰自己，意思是說，別人在做他該做的事，而我卻選擇了用「我很糟糕」來大做文章。看到自己擁有撫慰自己心靈的能力，其實還滿暢快的。

在放掉自我批判、自我懷疑的念頭後，千敏覺得應該好好想想接下來的計畫了。

◆將思緒集中在對自己有意義的地方

千敏開始考慮下一步要做些什麼。不再質疑自己或批判主管，也沒有再去想為什麼會發生這樣的事，她知道無論怎麼想也不會改變事實，不如坦然接受，放過自己。

更欣喜的是，她很清楚之所以還會不時跳出自我否定的念頭，其實都是腦袋在玩的一些慣性把戲，既然知道只是習慣問題，就趕緊用轉念功課來擺脫不舒服的感受就好了。

她還想到這件事帶給她的另一個好處：「既然主管沒有把期望放在我身上，代表我可以有更多餘力和時間去做我在工作上想做的其他事，甚至還可以另闢專案，反正主管的注意力不在我這裡，也就給了我更多時間和空間去發展自己的目標。說不定還可以去其他部門串串門子，廣結善緣，和別的部門主管打打交道，這對我日後的發展是更好的投資。」

千敏做完轉念之後，忍不住對我們每個人說：「天啊！我怎麼那麼有智慧，雖然拿到乙等有點不開心，但我絕對有理由去買一杯加了很多焦糖的咖啡來安慰自己。」

當然她也想過，萬一未來工作真的不順心，大不了換跑道，她有信心找到另一個更能發揮專長的舞台，畢竟自己擁有國際知名理工學院的博士學位，還有多年工作經驗。千敏對自己的身心成長這麼用心，終於可以放寬心來看清楚事實本然的樣子。

因為沒花太多精力去抱怨主管，就算被認為工作表現不佳，也不至於被惡劣對待。千敏現在能看懂，每個人在自己的位置上都有該做的事、該承擔的責任，所以也能理解主管並不是特別針對她。既然如此，乾脆把重心放在「想辦法讓自己好過一點」，比起一直抱怨或生氣，這才是更好的選擇。

聽完千敏的分享，大家都覺得上了一課，而且後續還延伸一連串非常有價值的討論。其中之一就是日後輪到自己為同事打考績時，更能同理部屬的心態，更容易理解同仁在看到考績時的感受，甚至在給出考績後，可以再找時間和每個人個別聊一聊。看著學員眉開眼笑分享著職場上的工作經驗與期許，我深信這樣的成長型思維是職場不可或缺，同時也是值得關注的人文素養。

千敏還提到，主管曾擔任別家大公司的總經理，擁有漂亮的學經歷，經常在言談中強調自己的能力和過去的功績，時不時就說：「不要看我這樣，我的技術能力可是很強的！」千敏心想，為什麼一個主管需要一再向部屬聲明自己能力很強？觀察一陣子後，她感受到主管有強烈的不安，可能是因為承受了很多下屬看不見的壓力。

她發現，這些觀察和理解，有助於自己從更多元的角度來看職場生存之道，其實，主管也可以是她直接練習和培養同理心的對象，不是嗎？調整思維後，非但不會讓自己一直處在抱怨的境地，同時也找到持續鍛鍊同理心的機會。

千敏找到了讓自己自由的好方法；她曾經質疑「一個主管要有領導力，真的嗎？」「不是真的！」當下馬上把注意力帶回自己身上，做自己該做的事；曾經質疑「主管應該要尊重人，真的嗎？」答案也是否定的，回歸現實，再度把焦點轉回眼前的工作上。就因為一次次的反覆練習，後來就算再出現這些似是而非的念頭，自然會像反射動作，即刻展開轉念功課的提問和反轉。慢慢的，千敏也發現，每次轉念的結果，都會為自己帶來新的領悟與自由。

第五章

佩霞老師和學員的轉念對話

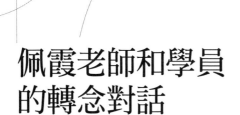

我之所以這麼肯定轉念功課對人生的幫助，並願意花時間開課、演講，甚至寫書推廣，都是因為它確實在我生命中發揮了很大作用。這套心法幫我看到長久以來未能覺察的盲點，同時幫我找到可以做出改變的確切方向，讓生活變得更清明、平和，所以我深信，只要願意，每個人都可以運用這個心法，讓自己活得更輕鬆、更愉快。

記得有一次，我報名了國外的短期課程，先生知道我要離家十幾天，心裡很不高興，於是對我說：「你難道不覺得自己對孩子有責任嗎？」聽到這句話的當下，我相當惱火，心想：「媽的，你憑什麼想控制我？」接著反射式的馬上問自己：「先生不應該想掌控太太，真的嗎？」這一棒子打下來，我就笑了。

我想，這世界上有哪個老公不想掌控老婆？又有哪個老婆不想掌控老公？我怎麼會認為我的先生不應該想掌控我呢？這根本就是一個妄念，完全不符合事實！這樣的想法就好像「老闆、主管不可以管我！」一樣好笑，因為實際上，每個老公都想掌控老婆，別的不說，我自己有時候也想掌控先生。既然事實這麼明顯，不證自明，根本就不需要進一步追究，也沒有必要為了這個繼續生氣。

想通了這一點，不但沒氣可生，還能理解先生其實是希望我多待在家裡陪他，後來直接找了個機會，兩人心平氣和的討論溝通，達成共識。轉念功課，可以讓原本可能導致夫妻大吵一架的危機，轉化成彼此坦誠表達真實想法和內在需求的契機，進而讓彼此更靠近、更親密。

接下來，我舉幾個例子，透過這些真實個案，看看我們通常都在什麼樣的不自覺當中，被自己的念頭所困，又如何能從運用轉念功課的過程，讓自己放下那些念頭，探索「如是」的絕妙，使生活充滿智慧與祝福。

個案故事 1

我的孩子沒有同理心。真的嗎？

子嫣原本有一份很不錯的工作，婚後不久，兒子小慶就出生了，沒想到他五歲時確診為亞斯伯格症患者，子嫣毅然決然辭掉工作，為的就是好好照顧兒子。

這些年來，子嫣為了照顧孩子費盡心思，人後不知偷偷掉了多少眼淚，但她從來不對先生訴苦，因為他也有亞斯伯格症的傾向，就算跟他說，也很難從他身上得到想要的安慰。所以她總是告訴自己，再怎麼辛苦都要想辦法撐著，既然孩子是自己生的，無論如何都要好好教養他。

兒子的問題主要在於人際關係，在與人互動時，往往不太能掌握別人真正想傳達的意思，也因為理解他人的能力比較弱，和同儕往來難免會遇到一些狀況。幸好兒子有過人的數理天分，從小到大成績總是名列前茅，從來就不用煩惱兒子的功課，加上子嫣很積極和老師溝通，所以兒子在學校縱然偶有狀況，也都能順利解決。

雖然把兒子帶得很好，但這些年來，總覺得身旁沒人看到自己的辛苦，無論是先生或公婆，似乎把她的付出視為理所當然，自己好像永遠都是在配合別人，小心翼翼的過日子。但先生和小孩到底在想什麼？有沒有遇到什麼困難？有沒有看到這個身為妻子、母親的擔心？家對他們而言，到底是什麼樣的存在？她有好多好多疑惑，卻從來都不敢直接說出來。

子嫣深知每個家庭都有一套系統，即使是自己的原生家庭，想要刻意改變也是非常困難的，更別說是嫁入別人家的媳婦。只是，結婚十幾年，她強烈感覺自己並未被婆家真正接納，很多時候，即使想為婆家做些什麼，最後只落得不愉快的經驗，甚至連什麼都不說不做，也會被說成姿態高傲、目中無人，還被質疑是不是自以為多讀了一點書，就不把婆婆放在眼裡。幾次動輒得咎的結果，讓她挫敗又灰心，不再對先生的家族抱持什麼期待。

我對子嫣說，當一個家庭有新成員加入，所有人自然而然就會想把新成員擺在大家都覺得舒適的特定位置，如果新成員的個性比較強悍，就容易產生衝突，新加入的成員因為要應對既有的家庭系統和機制，自然會覺得特別辛苦。

為了家庭和諧，她總是先要求自己，心想只要家人相安無事，受點委屈也沒關係，但這些年下來，實在累了，已經沒有多餘力氣再做努力。她發現先生和兒子一樣，都有亞斯伯格症的傾向，缺乏對人的同理心，雖然沒有惡意，卻天生少根筋，經常一開口就讓人難以招架，就連婆婆也一樣，還真是一脈相承。

子嫣為了了解亞斯伯格症，做了很多功課，除了閱讀各種有關腦科學的書籍資料，也常去聽相關主題的演講，愈來愈了解亞斯伯格症患者的大腦運作模式之後，也比較能理解兒子、先生和婆婆其實沒有惡意，就算說出來的話讓人聽了不太舒服，但並非故意的。

有一次夫妻倆帶孩子回婆家，婆婆在廚房準備午餐，她想想應該識相一點進去幫忙，但一個廚房真的很難容得下兩個女人，婆婆什麼也不讓她做，她就乖乖站在旁邊跟婆婆聊天，從天氣聊到農產品，平時交集很少的兩個人很快就沒話題可講，自然就聊到孩子身上。

婆婆突然一臉得意的說：「我們家小慶啊，真是不錯，遺傳他爸爸的好基因，天生就比別人聰明，所以成績這麼好，有這樣的小孩真好命，媽媽都不用費什麼心。」

這話子嫣聽了很不舒服，一向很克制的她當下忍不住跟婆婆說：「媽，你不知道我和小慶的班導師有多熟。」

她不禁想起這些年來，自己是怎麼費心照顧兒子的。

小慶從小就沉默寡言，幼兒園中班就展現了數字方面的極高天賦，老師跟子嫣說，小慶除了數理能力相當優異，還有一股極為強烈的固著性，如果事情無法按他的期待發展，他會極度不開心，甚至大發脾氣，怎麼勸也不聽，老師建議去做鑑定。於是她帶著兒子去做檢查，被確診為亞斯伯格症患者。

所幸兒子的情況不算嚴重，可以就讀一般學校，只是子嫣有時看他和同儕互動不良，身為媽媽，難免會因為孩子被排擠而跟著心裡難過。每次和同學打球，小慶就會像一顆衛星在球場外圍傻傻跟著跑來跑去，也只有當人數不足時，同學才會邀請他加入。萬一遇到要比賽，手腳協調不夠好的兒子根本沒機會上場。

上了國中，子嫣和學校的班導師溝通交流十分頻繁，正好也聊得來，關係像朋友，加上孩子的成績很好，班導師也特別照顧，順利讀完國中三年。這個過程中，她的確費了很多心思，但也從來不會跟先生或公婆多說什麼。只是沒想到，從來不抱怨也不訴苦的結果，婆婆卻天真的以為這個媽媽當得很輕鬆。滿腹委屈瞬間轉成一肚子火，婆婆什麼都不知道也就罷了，還把孩子的成績優異歸因於遺傳了爸爸的好基因，真的是得了便宜還賣乖。

看子嫣那麼生氣，我問：「婆婆得了便宜還賣乖，真的嗎？」

「是啊！但對婆婆不能這樣說話，所以我當場忍住了，只淡淡回了一句。婆婆只看到孫子成績好，根本沒想過照顧這孩子有多麼辛苦！」她現在想起來，還是有氣。

「先別管婆婆，我想知道的是你的感受。」

「我其實也想不明白。」子嫣似乎很少留意自己的感受。

「好，深呼吸。看來，你也不知道婆婆是不是真的『得了便宜還賣乖』，對嗎？當你有這樣的想法、有這個念頭時，內在的反應是什麼？」

「我很想讓婆婆知道，事實根本就不是這樣。當我有那個念頭時，我很想反駁，只是礙於媳婦的身分不好回嘴，脖子感覺好像被掐住了。」

「也就是說，當你覺得婆婆『得了便宜還賣乖』時，你其實很想反駁，很想讓婆婆知道你做了多少努力，但又礙於媳婦的身分不能直接表達，這裡面有些無力感，有一點小小的委屈和無奈，所以你的肩頸、脖子和肚子都跟著變緊了，是嗎？」我請她回想當時身體有什麼感覺。

「其實身體還有很多地方都很緊，胃也縮住了。」

「胃掌握著緊繃的競爭能量，所以當你覺得婆婆『得了便宜還賣乖』時，整個人就會變得僵硬，呼吸困難，胃也不舒服，甚至可能還有較勁的意味。你還記得婆婆說這些話時，你是什麼樣子嗎？」

「我其實只跟她說了一句：『媽，你不知道我和小慶的班導師有多熟。』然後我也懶得多做解釋，就直接飄走。只是走出廚房之後，內心開始出現很多小劇場，想起兒子讀小學時，我是怎麼陪著他適應的；上了國中，我又花了多少時間和心思照顧他，他現在能有這樣的表現，怎麼能說我這個做媽媽的都沒有費心呢？雖然氣沒多久就消了，但好像被什麼東西緊緊包住，感覺悶悶的，我想我應該還是不太開心。」

「你心裡有個聲音：『You didn't appreciate me.』，是嗎？」

她點了點頭，紅了眼眶。

子嫣的例子在生活中很常見，說起來都不是什麼嚴重的大事，但卻可能讓我們的心情糾結很久，透過轉念功課，可以幫助我們把問題理清楚，並且讓自己在情緒突然湧上來時，盡快平復。

如果我是她，覺得婆婆得了便宜還賣乖，那麼我就會問自己：「真的嗎？」一旦問了這個問題，頭腦就會停下來看看這句話是不是真的。當一個關鍵念頭出現，藉此機會讓無意識的思維模式先暫停一下，然後好好去看、去感受有了這個念頭時，生命狀態和品質頓時變成什麼樣子。

當子嫣覺得婆婆真是「得了便宜還賣乖」，除了剛剛提到胃不舒服、身體僵硬，心裡既委屈又不爽，也會忍不住貶低婆婆，覺得她根本什麼都不懂。這時候，心裡想的可能是：「你懂什麼！」然而，這些過程經常都是當下瞬間發生，並且以飛快的速度在腦子裡盤算後，才簡化成：「你不知道我和小慶的班導師有多熟。」這句話看似平和，若加上冰冷的口吻，反擊力道其實相當強勁，特別是接在婆婆才剛說完「兒子遺傳他爸爸的好基因」和「媽媽都不用費什麼心」之後。

子嫣的確是個聰明人。在那麼短的剎那間，一方面要評估該說什麼才能讓婆婆聽懂弦外之音，又不失媳婦的身分，一方面要為自己反駁，同時還要維持一貫的和氣優雅，光用想的就知道，在那個當下，絕對是處於一種極度緊繃的高壓狀態。

問題是，如果當場不說任何話，她可能會更不舒服。她真的很希望讓婆婆知道，自己為這個孩子做了多少努力。雖然如此，她也提到，在極度克制的情況下，擠出那一句為自己反擊的話時，腦海中還是免不了閃過「我這樣是在頂嘴嗎？」的念頭。

雖然當下覺得發了一箭有點爽快，但離開廚房時，除了有些哀怨、有委屈、有憤怒，也還有自責。也就是說，在那樣的情況下為自己發聲，儘管心裡覺得痛快，但卻忽略身體可能承受的巨大壓力，長期下來說不定還導致健康受損。

我問她：「如果沒有『婆婆得了便宜還賣乖』的念頭，想像一下，婆婆在廚房做菜，你在旁邊打下手，婆婆心情不錯，隨口說說：『我們家小慶啊，真是不錯，遺傳他爸爸的好基因，天生就比別人聰明，所以成績這麼好，有這樣的小孩真好命，媽媽都不用費什麼心。』這時你覺得自己會是怎樣的人？又會如何反應？」

子嫣說：「我覺得自己會輕鬆一些，也許隨手拿著抹布東擦擦、西擦擦，一邊跟婆婆分享兒子在學校的好表現，臉上也會有笑容，身體的姿態會比較放鬆。可以跟婆婆多聊兩句，就算覺得婆婆說話有時候有點刺耳，就想說她是老人家嘛，沒什麼關係，睜一隻眼、閉一隻眼也就過了。」

我再問她：「要是這時候，先生正好走進廚房，你在他眼中會是怎樣的太太呢？」

想了想，她笑著說：「我應該會是一百分的太太吧！」

「嗯！可以笑、可以跟婆婆自在聊天，身體姿態輕鬆，又帶著微笑的子嫣，會是怎樣的媽媽呢？」我問。

「那樣的我會是很有包容心的媽媽吧！我會以小慶這個孩子為榮，沒有那麼多委屈，因為我沒有『婆婆得了便宜還賣乖』的念頭，在她面前也會很輕鬆，先生如果走進廚房，我也可以身體放鬆，面帶微笑的和他互動，甚至在孩子面前也會開心得多。」

「可以再多說一點和婆婆沒有緊繃的關係時，還會有什麼樣的畫面或是有更多的感受嗎？」我請她描述得更多、更細一些，希望能把這些畫面勾勒得更清晰。

「我想我的焦點還是會放在孩子身上，很高興自己帶出了一個正常的孩子，不但覺得兒子還不錯，甚至覺得自己也還不錯，因為我知道兒子和我都做了很多努力。」

想著想著，子嫣的眼淚掉了下來。

「你比較喜歡哪個你呢？」我問。

「後面那個。」回答得很快速。

「你有沒有發現，其實婆婆從頭到尾都沒變，變的只是你的念頭？」

「我懂了。」此刻子嫣的眼淚像轉開的水龍頭，洗刷著自己的心靈。

「所以婆婆不用變，只要我們的念頭消失就好，是因為有那個念頭，才會讓自己活在那樣的委屈裡面啊！我猜婆婆沒有在嫌棄你，她是真的以孫子為榮，只是在她們的年代，母親的付出本來就是理所當然的。我現在不想解釋婆婆的心態，我只是想讓你看清楚，當你有這個念頭和沒有這個念頭時，身體和情緒竟然會有那麼大的差異，而一切只是因為念頭轉了。

「現在流下的眼淚是委屈也好，是自責、是反省、是感謝、感動都沒問題，而我希望你能看到，光是一個念頭，一句『得了便宜還賣乖』，當我們相信這句話，念頭一上來，就會變成連自己也不喜歡而且不快樂的人。相反的，如果腦子裡沒有這個念頭，生命其實可以非常輕鬆愉快，好像兩個截然不同的人生。」

「嗯！我現在看到當我沒有那個念頭時，可以很輕鬆，可以聽到婆婆話語中的滿意和肯定。」子嫣說。

「是啊！有那個念頭，整個人就武裝起來只想防衛，沒辦法連結兒子或先生，只是努力想證明『我贏了！我用一句話就氣到婆婆，讓她無法反駁！』那個當下，全身細胞和能量都跟著緊綳起來，但是當沒有那個念頭時，內心就會多了很多空間。婆婆想說什麼就說，她可以用她的方式表達愛，至少你很清楚知道婆婆很愛孫子、很愛兒子，甚至你也可能感受到、知道婆婆其實也很疼愛你。」

「這樣會不會好得太不真實？」子嫣不免有些懷疑。突然間，我們都噗哧一笑。

「那是因為我們太習慣緊抓著『那個』念頭，和婆婆無關。感受都是念頭引起的，和我們闡釋事實的角度有關。人總是讓那些習以為常、完全不加思考的解釋和歸納，來決定自己的想法。如果願意停下來看清楚，很多想法就會自動消失。你想想看，沒有那個念頭，婆婆就講她想講的啊！你對自己和孩子感到滿意，孩子也就不會有壓力。孩子看到媽媽和奶奶的關係好，都認同他是好孩子，一家人相處融洽，感覺不是很好嗎？」我請她一邊想像，一邊深呼吸。

「真的好難……」既感動又嚮往，卻還是覺得很不容易。

「我知道不容易啊！但一旦真的做到，並且看到這麼做為自己帶來的好處，相信聰明如你，一定會做出對自己好、也對家人都好的選擇。重點在於，要看清楚有念頭跟沒有念頭之間的差異，分辨身體和心理的反應竟然如此不同。如果繼續堅持那個很難放手的念頭，我不會說你錯，只是想讓你看到，當有這個念頭跟沒有這個念頭，其實是判若兩人，而我也相信，我們有足夠的智慧為自己做出有利的抉擇。」

「嗯！」

「現在試著去反轉『婆婆得了便宜還賣乖』，你覺得這個念頭的相反會是什麼？」

我請她想一想。

「我想不到……」她根本沒想過會有這種問題，久久無法回答。

「很簡單啊！就是『婆婆沒有得了便宜還賣乖』。」我先給她一個例子。

「也是，她其實只是高興。」她比較放鬆了。

「通常我們會找三個例子，多想幾個『婆婆沒有得了便宜還賣乖』的例子。」我鼓勵她再沉澱一下。

「我想不到耶！」光想出一個都很難了，更別說要想出三個。

「婆婆除了是因為開心才這麼說，很可能根本沒有想那麼多，只是隨口說了一句話，對她來說，這或許是一個安全的話題，也許她講這些話，只是想和你更親近，畢竟婆婆稱讚的是你的小孩啊！」我又多說了幾句，幫忙她打開新的思維。

「對啊，有可能，但結果卻是我聽了超不爽！為什麼我會感覺這麼差呢？」

「我相信還有一些其他原因，但我們還是把焦點轉回念頭本身，當我問你『婆婆得了便宜還賣乖』是不是真的，你說『是真的。』當你有那個念頭時，身體變得很緊繃，然後腦中快速翻攪、硬擠出一句話給婆婆一記回馬槍，希望她知道你不高興，你也是有脾氣的，但走出廚房，又覺得自己好像在頂嘴，有失分寸。」

「對啊！其實我好累，如果不要把婆婆當婆婆，而是當成別人家的奶奶或阿姨，是不是就不用這麼累？」

「如果那樣想你會比較輕鬆，可以啊！這就是你選擇的結果，你總算看清楚你讓自己有多累了。其實，我們每個人內在都很會盤算，如果看明白了，就不會再做這種傻事。抱著這樣的念頭，損人又不利己，而損人不利己的事，在我們神智清醒時，是絕對不會去做的。只有不清楚的時候，才會覺得反擊是替自己爭一口氣，但從事實所呈現的結果看來，我們常常因為忙著反擊，卻給自己帶來更大的麻煩和傷害。如果不快一點從迷思中醒來，我們常常在不知不覺中，一再重複這些損人不利己的舉動，一點小事都會挑起想要反擊的念頭。」

我對子嫣說，一旦願意看清楚自己的慣性，並且試著放掉有害無益的念頭時，這輩子的生命狀態就會因此整個大轉變，因為每個人都有一個非常聰明會算計的大腦。

只是我們習慣讓自己處在無意識中，遇到挫折時，非得丟出一、兩把劍來讓自己洩憤不可。先是讓念頭把自己困在委屈裡，然後千方百計想著如何在委屈中讓自己喘一口氣，甚至是出一口氣，結果把生命的力氣都耗費在這些地方，無形中，不但錯失身邊重要關係人的支持，同時還為自己增加了許多情緒上的負擔。這是大多數人都在犯的一種惡性循環，真的很可惜。

我請子嫣想像，如果沒有那個念頭，婆婆就算是罵人也不會有事。婆婆只是以自己的方式過她的人生，用她的方式在唱著人生的歌。我請子嫣想一想，這個婆婆似乎也不好當，只是隨口說一句無心話，媳婦就受傷了，我要是婆婆，也要小心翼翼，不是嗎？實際上，無論子嫣或婆婆，兩個人不也都同樣處在緊繃的狀態裡嗎？只要任何一方能放輕鬆一些，無論對方說什麼，都不做過度解讀，那時候兩人才能在婆媳關係中，享有真正的自由。

而自由就是，當家人說出他們的想法，即使不中聽，聽過也就過了。每個人都可以在我們面前說出他們想說的話，而我們的事就是想方設法讓自己可以待在如如不動的心境裡，慈悲心就是這樣一點一滴慢慢展露出來的。此刻，我正帶著子嫣離開那無意識受害者的小劇場，流連忘返真的沒半點好處，絕不可能活出想要的自由，我們要盡快從委屈與抱怨中出來，千萬不要在無意識中繼續打轉。

「現在，請重複三次『婆婆沒有得了便宜還賣乖』這句話。」

「『婆婆沒有得了便宜還賣乖』、『婆婆沒有得了便宜還賣乖』、『婆婆沒有得了便宜還賣乖』。」

「好，現在再找一個『婆婆得了便宜還賣乖』的相反例子。」

子嫣又卡住了。

「**我**得了便宜還賣乖。」我給子嫣提示了一個例子。

「啊！為什麼？為什麼？為什麼？我不懂！」子嫣大聲抗議。

「深呼吸，深呼吸，深呼吸——一般來說，給別人開的那帖藥，我都會自己先拿回來吃吃看再說。」

「可是我無法相信『我得了便宜還賣乖！』」子嫣完全無法接受。

「我可以理解，因為這對我們來說是很大的挑戰。來，試著給我一個例子，看看你什麼時候曾經得了便宜還賣乖？任何時候，無論是和孩子、先生、父母，或工作上。」

「我一時真的想不出來……我對人都挺好的，從來不占人家便宜。」

「我們不帶批判，只是嘗試找出一個例子，想一件自己可能得了便宜還賣乖的事。」我鼓勵子嫣好好想一想，找一個例子來。

「嗯，當孩子還小的時候，我們和公婆住在一起，那時候婆婆花了滿多時間照顧小慶，這個算不算？」子嫣勉強擠出一個。

「是啊！所以婆婆對孫子的確也有貢獻。」

「但是我當下沒有其他選擇……」她還是很抗拒。

「來，深呼吸——」

「嗯，婆婆也有貢獻，她常幫孫子洗澡。」子嫣小聲說。

「好，深呼吸——現在感覺怎麼樣？讓這個念頭沉澱一下，我要你真的讓這句話進入心裡，真的看到婆婆對小慶的愛，那不只是口頭上的愛，她的確付出很多心力。」

「嗯……」子嫣態度慢慢軟化了。

「所以當婆婆說你『都不用費什麼心』，並不是針對你，她一定知道其中的辛苦，做媽媽哪有不費心的？她純粹是想表達對孫子的讚賞。」

「其實我有些同情婆婆，因為她說話很直，小慶對她只有敬卻沒有愛，每次婆婆打電話來，他都閃得遠遠的，不想接電話。但婆婆可能沒辦法改變自己的說話方式，所以她的付出也沒有讓孫子收到……」子嫣開始能從婆婆的角度去看另外一個真實。

「再找一個自己得了便宜還賣乖的例子。」

「找不到了，我人很好。」

「你兒子雖然有亞斯伯格症，但他的成績非常好，這不也是一個例子嗎？」我問。

「的確，這是他最沒有讓我擔心的地方，他的課業成績一直很好，在這方面我很幸運，不像很多媽媽煩心孩子的成績。」

「每個媽媽都很辛苦，只是議題不同，在這個部分，看起來夫家那一半的基因表現的確不差。」

「哈哈哈，應該是一半一半吧！」

「這就是我們可以持平看待這個世界的方式。」

「其實我懂，因為我也在這裡面轉，一直在找那把可以解開的鑰匙。」

「我想強調的是，從剛才的過程中，每句話是要讓身體細胞去感知這句話的真實性，而不只是單靠頭腦的認知，因為腦子會慣性反應：『喔，知道了！這個了解了，那個知道了！』然後自動篩選認為合理想保留的部分，而沒有讓訊息全然進入內在，這就是頭腦無意識的自動機制。所以，沉靜下來，重新檢視是很重要的過程。」

「嗯，我想我懂了。現在身體有被滋養到的感覺。」

子嫣說兒子之前跟她提過想唸建築，聽到兒子居然想當建築師，心裡的第一個想法就是「不可能」，她認為亞斯伯格症患者缺乏同理心，而從事建築設計的工作必須很能同理他人的需求，所以認定兒子絕對無法成為建築師。

我問：「亞斯伯格症的人沒有辦法做一名好的建築師，這是真的嗎？」

「是的，因為他們沒有同理心。」她很肯定。

「有這個想法時，你是怎樣的人？如何反應？當孩子告訴你他好想做一件事，但你深信他做不到，這時候你是怎樣的人？當下的感受如何？又會做出怎樣的應對？」

「我想我不會有什麼反應，我會先把自己關起來。」

「這是一種方式，關起來也是一種反應。然後心裡就開始懷疑，想說孩子這個做不到、那個做不到，因為他會好辛苦、好可憐，他的基因不好，他爸爸的基因不好，他奶奶的基因不好，都是他們家的基因不好，我的孩子好辛苦，不只現在好辛苦，將來也很辛苦……」

「對，我會為他往後的日子設想，擔心他做得到嗎？」

「是的，你會擔心，還會自責說，身為一個母親，卻無法支持孩子去做他想做的事。當你相信『亞斯伯格症的孩子無法成為建築師』時，這就是你會有的反應。這樣的反應，還好現在先經由自己察覺出來，同時也試著表達出來，這樣你才能敏銳的意識到自己當下可能會有的反應。關起來是其中一個可能的反應，說不定也可以調頭就走，但如果那樣做了，你就沒辦法和兒子保持連結。不知道要說什麼，更別說為兒子加油打氣了。」

「或許就是一陣心酸，還有很多疑慮吧！一方面知道兒子想朝這個方向發展，可是我知道他不適合，這讓我覺得無能為力。」

「來，深呼吸，當你沒有這個念頭時，孩子跟你說：『媽，我想當建築師！』當你沒有那個念頭告訴你『孩子做不到』時，你會是怎樣的母親？」

「我會覺得滿好的，孩子找到一個方向，找到他想做的事，能和媽媽討論，表示他很信任我，我可以傾聽，並對他的選擇產生好奇，跟他有一些連結。而且我會盡全力幫助他、祝福他！」

「那個當下，你臉上的表情會是什麼樣子？」

「其實我很難想像。」

「我知道很難，就是因為你對兒子抱持的信念是如此之深，所以更難，但我們必須要做這件事，因為這很重要。去體會看看，當沒有『亞斯伯格症的孩子無法實現夢想』的念頭時，你會是怎樣的媽媽？你會是怎樣的人？」

子媽說不出話。

「我用簡單一點的問法好了，想像一下，如果你不覺得兒子做不到，你會是怎樣的媽媽？」

「我會是相信孩子的媽媽，願意和兒子一起探索，可以跟他好好聊這個話題，我會對他的想法充滿好奇。」

「你的身體會呈現什麼樣的狀態？」

「我可以面對兒子，不會因為覺得不能說出真實想法而把臉別開，或是找理由走掉，我會對他的想法好奇，可以面對面和他坐在一起，一起聊他的夢想。我會很想知道他為什麼想當建築師，還有他是什麼時候開始有這個想法的，然後我會和他一起去找更多資料。那樣的話，我想我會是一個比較沒有負擔的媽媽，不用幫孩子考慮太多，也不覺得我要幫他扛那麼多責任。我相信他會找出自己的道路，我只要對他保持好奇就好了。我想，我的臉上會有笑容。」

「那麼，當你沒有那個念頭時，你和先生的關係又會如何呢？」

「我應該也會輕鬆一些，因為沒有那麼多擔憂，我可以笑得多一點，柔軟一點，不會老是覺得事情都壓在我身上，自然也比較不會責怪先生或他的家人。」

「你喜歡哪一個你？前面那個把自己關起來的，還是後面比較輕鬆的這個？」

「我喜歡後面這個我，感覺比較輕鬆自在，一切順其自然就好了。」

「關鍵在於，沒有『亞斯伯格症的孩子無法成為建築師』這個念頭時，你當下的能量，就是後面的這個自己，身心會處於比較健康的狀態。其實小慶就是小慶，那些故事都是你自己編的戲碼，當你相信『我的兒子有亞斯伯格症，根本不可能達成他想要的夢想』，你會把自己關起來。如果你沒有這個念頭，你會好好聽兒子說話，會想了解他、鼓勵他，成為支持他的好朋友，你會相信他，而這裡面最重要的，就是母親展現對孩子的信任。」

「但他的感受力和同理心不太夠，所以不會成為最好的建築師。」她還是不相信。

「我不知道，我們不知道。回頭來說，你說兒子沒有同理心，是謬論，說他做不成建築師，也是謬論。他可能會比別人更辛苦，但並不表示他做不到。音樂、建築、文學、醫學、科學、物理、化學……這些領域都和數字、邏輯有很大的關係，小慶有那麼優越的數理能力，實在沒理由說『有亞斯伯格症就無法成為建築師』。他也許只是需要有好的工作夥伴，但我不相信他一定無法成為一名好的建築師。」

「那麼，我不需要一直記得兒子有亞斯伯格症嗎？」

（現在回想起這段對話過程，我當下居然沒有脫口說出「齁！」看來自己過去四十年修練有成。）

「來，深呼吸——我們一起來想像，當沒有背負這個念頭時，你會是什麼樣子：兒子也許會是個很獨特的孩子，他可以不用背著亞斯的標籤，就算他是亞斯，每個亞斯的孩子都不一樣。一旦沒有這個念頭，你也許會展開對兒子的好奇，不會那麼自以為是，認定自己什麼都知道；當你沒有『我的兒子是亞斯伯格症患者』的念頭時，你可以把兒子看成全新的生命，就像是一名新生兒，你會對他充滿好奇，會很想見證他生命裡的奇蹟，會為他的每個奇蹟喝采；當你沒有那個念頭時，你就不會是那個帶著好多框架、桎梏的媽媽。」我對她說。

從某個角度來看，我們每個人可能都有亞斯伯格症的因子，因為很難有一個絕對的標準，一切都是比較出來的結果，只是每個人被觸發的點不同。當子嫣認定兒子、先生和婆婆都有亞斯伯格症，誰知道會不會也有人在某些時候，認為子嫣有亞斯伯格症的傾向。這些林林總總都是一些不可靠的信念，當我們在別人身上貼上標籤時，對彼此的關係都不健康。一路帶著子嫣做這些練習，就是希望讓她把損人不利己的標籤從親人和自己的身上拿掉。

「現在試著說看看，『亞斯的孩子有同理心。』深呼吸——然後給我一、兩個例子。」我引導她做另一個反轉。

「每次我要跟兒子講話的時候，他總是眉頭先鎖起來，我都還沒開口，他就先給一個很不耐煩的臉。有一天我跟他說：『你一定要這樣嗎？你知道媽媽已經傷痕累累了嗎？』小慶一臉茫然的看著我，我沒再多說什麼，就直接走開了。」

「孩子也在幫助你探索自己。如果你試著和孩子有比較好的對話，他也會慢慢從中得到好的經驗，了解什麼才是比較好的溝通方式。」

「他沒辦法用好的說話方式和人應對。」她依然這樣相信。

「因為你已經帶著這個信念在你的思維體系裡很久了，所以你會比一般人更堅信，兒子所有的問題都歸咎於亞斯伯格症。就像我小時候沒有爸爸在身邊，每次碰到什麼事，我就認為都是因為我沒有爸爸，所以才吃這麼多苦；就是因為我沒有爸爸，才會被欺負等。但人生本來就會吃很多苦頭，這和有沒有亞斯伯格症或有沒有爸爸根本沒關係。」

「但我會因為兒子有亞斯，所以理解他的那些行為，也因此我會檢討自己，讓自己去接受他的行為。」

「一旦你把兒子有亞斯當成一個理由，需要特別呵護，你們的關係就不會自然，因為你一直告訴自己一定要特別照顧他。如果你的信念是真的，亞斯的人沒有同理心，那麼你不就應該什麼事都可以跟兒子講，而非小心翼翼的怕傷害到他，不是嗎？但你反而沒有這麼做，你看到這之間很大的矛盾點嗎？」

「咦！這我倒沒想過。」子嫣也好奇了起來。

「是呀！你之所以要小心翼翼，是你自己覺得應該小心翼翼，但你明明認為兒子沒同理心，那又何必小心翼翼的對待他呢？這是個很大的矛盾。如果你真的相信他沒同理心，早就什麼話都可以放膽跟他講，也沒必要那麼委曲求全。同樣的，如果你真的覺得婆婆也是沒同理心的人，你又何必對她說話那麼謹慎？對你先生也是同樣的邏輯，不是嗎？」

「其實我也很想跟婆婆想講什麼、就講什麼，但我媽媽說我不可以這樣。」

「所以，這其中有很多信念，都有待我們去質問自己『真的嗎？』然後你會發現，原來我們有那麼多的信念，根本都站不住腳。」

「老師，你要不要開一門課，教我們自己跟自己爭辯呢？」

「轉念功課就是在做這件事啊！我希望這本書有這樣的神蹟，幫助每個人打開那個無意識打下來的死結。」

「那從今天開始，我要怎麼看待兒子？該怎麼跟他互動才好？」

「我沒有答案。但當你對他不再帶著否定的念頭時，我相信你會輕鬆很多。今天我可以感覺你整個人的能量放鬆了很多，有些人來上課或做完個案，回去可能頭會很痛，因為整個系統開始崩解，平常奉為圭臬的信念被打破，就像你會問接下來該怎麼辦？其實不需要怎麼辦，也許就是讓自己不再用過去否定的信念和孩子相處，而是用你的好奇心，很單純的和孩子在一起。我相信你兒子是有同理心的，只要你願意，一定可以舉出很多例子。

「你一定也能找到很多關於婆婆有同理心的例子，像是為家人做飯、幫忙接送孫子、替孫子洗澡……這些都是婆婆實際支持你們小家庭的同理心，只是我們太視為理所當然。並非只有我們腦袋認知的同理心，才叫做有同理心。兒子能意識到整個社會對他的期待，知道爸爸媽媽對他的期待，甚至是同學、老師對他的期待，然後盡力做到最好，這就是同理心。他讓自己不要受傷，不讓爸媽擔心，也都是同理心的展現。」

「兒子處理數字和語文的能力特別好，但跟人的互動狀況一直不太好。」子嫣還是很難相信小慶有同理心。

「這孩子有同理心，只是他的同理心不在你認定的範圍裡。一個孩子如果沒有同理心，根本不可能在社會上生存，那些我們認為理所當然的事，都需要有同理心才能做到。兒子一定有他的同理心，他就是你的孩子，是一個獨特的孩子，亞斯伯格症也許被某些人定義為不正常，但在我的眼裡，他就是一個很特殊、不一樣的孩子，我不會把他看成是有病或有問題的孩子。」

「所以我可以正常的對待他嗎？」子嫣終於有點鬆動了。

「我不知道你所說的正常是什麼意思，不過是的，你可以學著欣賞他。因為我看到你有很多信念還在糾結，不過我相信今天的過程你確實也做了一番整理，這些是我們一輩子都要面對的事。當我們相信一個念頭，而那個念頭帶給我們痛苦時，就把那個念頭提出來問自己：『真的嗎？我能確定這是真的嗎？百分之百確定嗎？』再去想想有這個念頭和沒有這個念頭時，身心狀態的差別。最後，往往會看到我們緊緊抱著不放的那些念頭，基本上都是謬論。如果能把那些念頭放掉，就會是那個輕鬆自在，既沒有擔心也不害怕，能支持並鼓勵孩子的母親，還有什麼比這樣的心念更好的？」

「實際面對兒子時，也可以有這樣的感覺嗎？」子嫣還是不太敢相信。

「你可能還不知道自己可以放鬆到什麼程度呢！通常跟我上過課的學員，會覺得上完課整個世界好像都變了。其實先生還是先生，孩子還是孩子，婆婆也還是婆婆，但整個世界卻徹底翻轉了，那種感覺就好像眼睛突然張開，看到原本不曾看過的世界，而一切原來是這麼輕鬆就可以度過的。一旦你放鬆了，Everyone will be fine。」

「謝謝老師，我相信今天以後，我會更健康。」

「我所使用的方法，是讓我們了解自己頭腦的運作機制。其實，現代人對手機、電腦的熟悉程度，比對自己的大腦要熟悉得多。對於我們深信不疑的事，從來都不多想，也沒興趣探究真假，任由自己在裡面打轉，搞得七葷八素。轉念可以是一個最好的方法，幫助我們得以看清楚悶悶不樂背後的主要癥結。你現在覺得怎麼樣呢？有沒有覺得輕鬆一些？」

「有！我真的覺得放鬆很多，很謝謝老師。記得有一次在你的 YouTube 直播上，聽你提到所謂『背對背的和諧』，我覺得這句話好美，它把現實生活的樣子形容得好貼切。我也跟先生說，我們家就是背對背的和諧，因為不太敢直接把話攤開來講，大家都很怕傷害到別人，但背對背的和諧，也許不是真正的和諧，我想我應該可以試著轉過身來了。」

放下或轉念本來就有很多種方法，而我認為轉念功課非常簡易，卻也追根究柢，可以說是幫助我們看清楚事實真相最好上手的心法，因此特別記錄了跟子嫣的對話與讀者分享，同時謝謝她提供自己的案例，讓我在書中把一些重要的概念說得更清楚。

有位上過我課程的學員是單親媽媽，她那二十五歲的兒子據說是所謂的邊緣性人格，有時候甚至會出手打她。這位母親在上過我的課之後，一直希望我能幫她兒子做諮商。我想了想，一對一諮商收費不低，硬要安排兒子諮商，他也不見得會珍惜，反而浪費了媽媽的苦心和金錢。另一方面，我認為讓這位母親直接面對自己的問題幫助應該會更大，畢竟，受苦的是母親。由於她定居海外，我們在線上做了兩次會談。

結束兩次深談後，後來她告訴我，她自己有了很大很大的改變。她發現一件自己以前從來都看不到，潛意識也不想去面對的事。

一直以來，這位媽媽都認定很多問題是出在兒子身上，包括兒子逃避不去學校上課，或是有嚴重的情緒失控問題，在在都讓她深感懊惱，覺得自己命很苦，好像所有事情她都得親力親為，沒人可以依靠。

但在經過我們不斷追根究柢，她發現真相並非自己一直以來認定的那樣，問題其實不在兒子身上，因為離不開、長不大的人並非兒子，而是她自己。是她需要兒子，不是兒子需要她。因為她認為這個世界上，只有兒子才會對她全然信任，從小到大，從來沒有任何人如此信任過她，未來也再沒有任何人會像兒子這樣的信任她。看清楚自己的思維模式後，她突然明白，原來是自己離不開兒子，自己需要兒子，而非兒子離不開媽媽。

這位母親的心得，相信是許多做家長的心聲，也是看著孩子成長必經的心態調整。很多時候，我們寧願選擇相信自己對孩子有天大的影響，認為孩子沒有我們在旁邊守著、護著會走上歪路、會失去方向，但事實真的如此嗎？我在華人社會裡，經常看到的是孩子大了，父母離不開孩子，放不開手。其實，隨著孩子一年一年成長，翅膀硬了，自然想飛，這是天經地義的事。孩子願意展翅翱翔，願意接受挑戰，其實是一件值得祝福、慶賀的事。

個案故事 2

我一定要獨立，絕對不可以依賴別人。真的嗎？

祥依最近很不開心，因為公司一名年輕同事在一個重要專案上出了紕漏，惹火了合作多年的大客戶，差一點就弄丟了客戶，情急之下，老闆只好讓比較資深的祥依趕快接手。一向和客戶關係不錯的祥依，花了很多力氣才讓客戶氣消，並同意繼續和公司合作。

祥依為了釐清事情的來龍去脈，找了這位出包的年輕同事來了解狀況，沒想到同事竟然一副事不關己的樣子，認為既然已經交出客戶也退出專案，現在根本就沒必要向祥依交代什麼，連祥依想知道專案的進度和細節，他都擺出一問三不知的態度，讓她覺得自己真是接了個爛攤子。

為了早點上手，祥依還不死心的試著找這位同事好幾次，希望能盡快掌握專案進度，沒想到對方不但沒有對她充當救火隊表示感謝，甚至還認為祥依把客戶搶走，對她充滿敵意。

據說這位年輕同事平時工作態度就有問題，經常遲到早退不說，動不動就和同事起口角，而他之所以有恃無恐，就因為他是老闆娘的表弟。無論做得再糟糕，或是大家對他再不滿，也不怕工作不保。即使這次差點闖了大禍，態度還是一樣惡劣粗魯，這讓祥依非常惱火，只好私下找老闆娘溝通。沒想到老闆娘聽了之後，居然責怪祥依不應該對同事這麼嚴厲。

老闆娘認為表弟年輕不懂事，而祥依都已經這麼資深，對年輕人難道不應該給予更多包容和體諒嗎？表弟之所以不願意好好和她溝通，一定是她態度太強硬，結果老闆娘非但不怪表弟失職又態度差，反而要祥依好好檢討反省，是不是她自己話說得太重，沒有好好溝通。

祥依簡直氣瘋了，覺得老闆娘根本欺人太甚，怎麼可以顛倒是非黑白，既要祥依去解決表弟捅的大婁子，還要體諒顧及他年輕氣盛不懂事，不但要求祥依好聲好氣，還要和顏悅色，否則表弟聽不進去，都是祥依的錯。聽著老闆娘愈說愈偏頗，祥依的臉色也跟著愈來愈難看，後來忍不住回了老闆娘幾句：「今天他之所以敢這樣，就是被寵出來的，要不是你這麼縱容，他怎麼會這麼囂張？」

面對下屬突如其來的責難，老闆娘當下氣得滿臉通紅，惱羞成怒，嚴詞指責祥依才是工作態度有問題的人。講到後來兩人都非常不愉快，談話結束前，老闆娘直接警告祥依，如果再去招惹她表弟，到時候別怪她請祥依走人。

祥依覺得實在太委屈，也太倒楣了，從頭到尾她都是最無辜的人，原本只是被徵調去幫忙解決問題，怎麼會問題解決了，反而搞到要丟工作？祥依對這整件事感到不可置信，也覺得自己真的有夠冤枉、委屈。

祥依提起這件事時，看起來仍氣憤難平。她說這些日子內心一直無法平靜，就算努力練習轉念，似乎也沒什麼效果。

我問她：「老闆娘不可以逼迫你。真的嗎？」

「不是。」祥依很制式的說出標準答案。

「當你有『老闆娘不可以逼迫我』的念頭時，你如何反應？」我再問。

「想到那天跟老闆娘的對話，相信我當場一定是咄咄逼人，因為我很少跟人吵架，但一旦真的要吵，我絕對不願意輸，才不在乎你是老闆娘還是老闆的娘！」祥依一臉倔強。

「所以當你有那個念頭時，你是劍拔弩張的。那麼當你沒有那個念頭時，你是怎樣的人？」我問她。

她沒說話。

「我需要你靜下心來，回到那個當下，從我們對話到現在，你完全是用頭腦在解析對方的『錯誤』行為，而不是心，轉念功課需要用心和身體一起投入，讓身體的感官知覺來幫助我們，辨認怎麼做才是對我們身心平衡最有利的方法，所以我的焦點會放在你身上，而不在其他人的身上。請試著去感受一下，當你沒有『老闆娘不可以逼迫我』的念頭時，你會有什麼樣的表現？」

「我想……也許身體不會那麼緊繃，因為現在只要一看到她，就覺得身體很緊繃，整個人都很不舒服。」她說。

「其實老闆娘就是用她的角色和立場，說她想說的話，她可能也不知道該怎麼辦，只好先處理自己的焦慮。如果不這麼做，她會站不住腳，也保護不了表弟，所以反過來責罵你，這是她求生的方式，說起來，她只是在做自己。如果今天你沒帶著『老闆娘不可以逼迫我』的念頭，就可以看到她只是在做她自己，這就是她在這個公司的角色。如果她把所有問題都說成是你的問題，目的也只是在保護她自己和表弟。」

「嗯，也是啦！但現在我的困難是一看到她時，就感覺自己的身體很緊繃。」她不自覺的轉了轉頭和肩膀。

「我們把你之前的句子直接反轉，跟著我說：『她可以逼迫我。』然後深呼吸——」

「她可以逼迫我。」祥依做了一個很長的深呼吸。

「說完之後，你有什麼感覺？」我問。

「我覺得當我說出『她可以逼迫我』，的確是感覺比較放鬆，但是我放鬆後，就會立刻想：『我真的要同意這件事嗎？』」祥依很不甘心。

「當我們想和自己幾十年的習慣思維對抗，真的會很困難。這就要看你是不是真的想把這根刺拔掉，我們現在要處理的不是老闆娘的問題，而是你和自己劍拔弩張習性的深厚關係。」

「這就是我覺得很困難的地方，我知道後來根本就和老闆娘沒關係了，雖然生她的氣，但我也不想一直生氣。我怎麼會一直無法放過自己，這件事讓我非常懊惱又很難受。」她看起來真的好苦惱。

「你雖然現在才覺察到這一點，但你已經無法放過自己N年了。」

「那我要怎樣才能放過自己？我有試著轉念啊！」她真的很渴望找到方法。

「你需要和自己的放鬆多待在一起，因為你的頭腦一直繞，並沒有和自己的身體感官連結，我剛才問：『當你沒有那個念頭時，你是怎樣的人？』因為那個狀態離你太遙遠了，當然覺得很陌生。我建議你要時不時邀請這個脆弱、願意服輸的自己，然後告訴自己：『就算有委屈也沒關係，我不需要每次都贏。』」

「我不是要贏，我只是想要獨立，我不想依賴別人。我覺得自己是很能為別人喝采的人，我想要做一個堅強的人。我其實是要獨立的活，我今天不願意服輸，是因為我怕自己會變得太軟弱，萬一我癱在人家身上，成為別人的負累怎麼辦？我真的不是要贏，我只是不想變軟弱。」祥依急著解釋。

「那麼，服輸就表示不堅強，這是真的嗎？」我問祥依。

「可是……」

「等一下，等一下，先不要急。『服輸就表示不堅強』，真的嗎？」

「不是吧……」祥依有點猶豫。

「來，深呼吸，什麼是堅強呢？」我問祥依。

「嗯……也許是當全界都不支持你時，你還是可以沒有疑慮，堅定的相信自己。」祥依說。

「有沒有既可以溫柔對待自己，同時也很堅強的可能呢？」

「什麼才叫做溫柔的對待自己？」祥依依然有些困惑。

「就是不把自己逼到死角。你現在可以清楚看到自己的頭腦固執的緊抓著念頭不放，兩邊正在奮力的拔河。當你沒有『老闆娘不能逼迫我』這個念頭時，就會看到老闆娘只是在做她該做的事，在解決她面臨的問題，並沒有要逼迫你。因為她如果不這樣做，也不知道該怎麼辦。當你沒有『老闆娘不能逼迫我』的念頭，她就只是路人甲，一座正在爆發的火山，你也只是待在那裡，看著火山爆發，而你不逃、不離、不棄。這是最困難，也是我們在關係裡的最高境界。

「當我們面對家人生病、暴怒、崩潰……因各種事件而引發種種強烈的情緒噴發時，能不能待在那裡，陪著對方，見證他的情緒起伏？就像看著一團烈火燃燒，卻不跟著慌張四處奔逃。我常常講，這或許是我們可以送給人類最美的禮物，雖然很難做到，不過還是有可能的。即使我們現在離那個狀態還很遠，但是透過持續練習，或許有一天真的可以看到對方的困難，看到對方的掙扎，因此產生包容，甚至展現出很大的慈悲。」

「我在這家公司工作很久了，老闆對我很好，我也明白老闆娘的難處，但我的困難在於回到這個事件上，我就會覺得每個人都要為自己負責。」她提到另一個信念。

「當你抱著『每個人都要為自己負責』這個念頭時，你是什麼感受？」

「哈哈哈！」祥依忍不住笑了起來。

「就是這樣啊！當一個念頭為你帶來這麼多痛苦，你為什麼還要抱著它呢？」我真的不解。

「『每個人都要為自己負責』這個想法，又是另外一個卡住我的念頭了，是嗎？」她總算開始懂了。

「是的，我們有太多念頭都可能會把自己卡死。一個人會活得辛苦，通常就是因為有很多念頭把我們一步一步逼到角落。」

「如果不願意放掉那些念頭，是不是那些念頭也會帶給我們一些好處？」祥依好奇的問。

「當然！你把那些念頭當成價值，卻沒看到堅持抱著價值為自己帶來多少痛苦。所以我想問，你是要痛苦，還是要價值？有些人會說：『我寧願死，也不放過他！』對於做這種選擇的人，我沒什麼話好說，但我相信大多數人還是希望好好活著。

「只有真正想離苦得樂的人，才會在類似轉念功課的心法上下功夫。通常也就是苦夠了，不肯再受煎熬的人，才會想方設法要改變。所以，我才會說：『只有夠苦的人，才能理解幸福。』否則，多數人遇到不開心的事，吃頓美食、買個潮牌，日子也就這麼過下去了。但這種短暫宣洩情緒的方式，畢竟不能帶我們得到真正的解脫。」

「嗯。」她肯定的點點頭。

「現在給我幾個『老闆娘可以逼迫我』的理由。」我請她繼續完成轉念的下一步。

「因為她的權力比我大。」祥依很快的給了一個。

「很好。」

「最終老闆還是會挺他太太吧！」祥依其實心裡明白。

「嗯。」

「第三個理由，是我需要這份工作啊！」一口氣就舉出三個理由。

「很好！背後的那些情緒，坦白說，很多是和老闆娘無關的。」我跟祥依說。

「我完全同意這只是一個爆點，最核心的問題，還是跟自己有關，所以我後來並不是氣老闆娘，只是覺得這件事並沒有解決，讓我一直卡著，很不舒服。」

「這件事沒有什麼解決不解決的問題，因為這是一個長年養成的性格，或許是從小習慣承攬的角色，也許是在原生家庭中被塑造出來，也或是你自己選擇了那個角色，現在想跳脫這些慣性，需要時間，要慢慢習慣，要讓轉念心法一次又一次不厭其煩的扎根下去。或許你可以學著欣賞那種被罵了也完全沒反應的人，觀察他們，然後從他們身上學習，看他是怎麼做到的。透過觀察，你的生命會因此開展。

「但如果明知道自己缺乏這種能力，卻又瞧不起有這種能力的人，那就注定永遠學不會了。如果發現自己缺乏在夾縫中求生存的能力，那麼就開始去觀察有這方面能力的人，對他好奇，千萬別瞧不起人，不然你只會想推開他，就永遠無法學會。現在跟著我說：『我不要逼迫自己。』然後深呼吸。」

「我說不出來……」原本口才便給的她，居然紅著眼眶看著我，怎麼也說不出口。

「來，深呼吸，再試一次，跟著我說：『我不要逼迫自己。』然後找出一個不要逼迫自己的理由。」我請她再試試看。

「我不要逼迫自己，因為我已經夠努力了。」她忍不住掉下眼淚，可以感受到多年來鞭策自己烙下的傷口隨著眼淚，再一次被自己看見與接納。

「告訴自己『我已經做得夠好了』。」看著、聽著她的啜泣，讓人心疼不已。

「佩霞老師，這是我人生第二次說不出我想要說的話，我剛才真的說不出『我不要逼迫自己』，可是我一直以為我是很容易放過自己的人……」

「每個人都有很多角色，在不同的角色裡，我們有不同的承擔，只有真實和真誠才能幫助自己往前走。在角色中待久了，為了生存，自然要告訴自己沒有受傷，往往只有等到某個事件傷得夠深時，才有機會從中找到療傷的線索。所以受傷不是壞事，受傷時，要把握機會，看看深埋其中的那些被遺棄的自己。告訴自己，一定要珍愛受過傷的自己。來，再給我一個不要逼迫自己的理由。」

「逼迫自己也沒用啊！」這會兒，原本緊緊鎖住的眉心突然鬆了，她笑了。

「跟著我說說看：『我值得擁有一個放鬆的品質。』」

「我值得擁有一個放鬆的品質。」看起來她輕盈了許多。

「放鬆，深呼吸。告訴自己，一個正向的我，可以怎麼樣呢？」

「我可以放鬆。我可以表現得差一點也沒關係啊！我不用什麼事都自己扛。」

「很好！」

「我其實也很想說我可以依賴別人，可是我說不出來。」祥依說。

「試試看！」

「我相信這個世界會支撐著我，我可以依賴別人，我相信有很多人願意接住我。」

「沒錯，我相信這是事實！你覺得會接住你的人有誰？」

「嗯，父母、姊姊，還有很多朋友，其實就連我的老闆，我也相信他會接住我。」

「深呼吸——是啊！你看到自己是個多麼幸運的人了嗎？」

「其實我一直知道自己很幸運，我就是覺得自己已經占有這個世界很多資源，所以不應該再麻煩老天爺了，我甚至非常小心的許願，因為不想占用老天爺太多力氣，瓜分了比我更需要幫助的人的幸運。我對自己就是嚴厲到這個程度。」

「來，深呼吸——請相信這個世界上的資源夠多。你沒偉大到一旦你的願望成真，別人的願望就沒機會。我們要重新認識老天爺，是對於存在的信任，但這又是另一個大課題了。現在，深呼吸，給我一個例子，告訴我，什麼時候你可以依賴別人？」

「失業的時候，還有生病的時候。」

「看起來你的心靈輕鬆多了。我們在談的其實就是事實的真相。我們頭腦抱持的一些信念，居然是和事實本身互相對抗，甚至是背道而馳。所以當然很吃力，就是這樣的念頭讓我們受苦，而身邊的人也都不斷想辦法要把我們套進他們覺得『應該』的框架裡，沒有幾個人會來為我們打開框架的鎖，讓我們自由。」看著祥依平和的表情，雖然還有一段路要走，但我知道她已把自己緊守多年的框架敲開了一個縫隙。

每個人都有自己的生命議題，包括企業也是，想跳脫原來的框架，想嘗試新穎的創意，就得花時間鬆綁不合時宜的僵固思維。這也是為什麼我堅信挫敗是好事，因為只有挫敗時才會尋求突破，進而想要敲開那些遵守了許久，卻又讓我們難以消受的僵化教條。

這世界不需要變，轉念功課的美妙就在這裡，伴侶不需要變、父母不需要變、孩子不需要變、老闆及同事都不需要變，唯一需要的，就只是放掉讓我們難以承受的念頭，而念頭只要一經參問，長期以來讓我們難以擺脫的痛苦，原來可以就這麼一筆勾銷、消逝不見。

第六章

轉念的目的：
我可以全然擁有自己的主張

對我來說，應用轉念功課的成果是，除了明顯改善我和世界的關係，更重要的是造就了我個人的醒覺。

我知道自己的日子過得比一般人清新，擁有選擇權，擁有自主權，也享有比一般人開闊的心靈自由。

當然，有人說，那是因為賴佩霞嫁到一個好老公！說的沒錯，我的確有一個才德兼備的先生，然而，我也徹底實踐了「我的事」，就是欣賞他、敬重他、珍惜他、愛護他、接受他、寵他。

在關係中，我沒有讓腦海裡那些自以為是或自我否定的雜念持續盤旋，或任由怨氣像滾雪球愈滾愈大，最後成為扼殺關係的殺手。

轉念心法讓我在關係中能保持警覺，當沒有令人不開心的念頭時，頭腦是清新、淨空的，這種「空」意味著圓滿、自由、豐盛，因此，即便有負面念頭浮上來，也不會對我造成太大的干擾，因為有另一個聲音會適時提醒自己：「那不是真的！」接著，我就能做出有利身心健康的抉擇。

如實如是的自我接納

瑞嘉跟著我上課也有幾年了，她整體的轉變相當明顯，家人看在眼裡，不知不覺中也跟著一起改變。

這一天，瑞嘉來找我，說家裡最近發生一些不愉快的事，很慶幸自己上過課，否則碰到這些事情，一定是愁雲慘霧又不知所措。雖然事情發生難免令人沮喪，但至少能盡快平靜下來，很快把焦點放在問題的處理上。

瑞嘉和妹妹無話不談。由於妹妹不習慣在眾人面前分享心情，所以沒跟著瑞嘉一起來上課，只有在瑞嘉下課後，把學到的方法和心得與妹妹分享，兩人常像麻雀吱吱喳喳講個不停。

轉念功課就是她教給妹妹的，而妹妹雖然只是聽她轉述，卻很有慧根，在日常生活中不時運用，頗有心得，也得心應手。妹妹說，只要一開始胡思亂想，就會用姊姊教的方法，快速釐清念頭的真假，馬上就能順利回歸穩定的心情。聽妹妹這麼說，瑞嘉心裡十分寬慰。

妹妹的進步，雖然讓瑞嘉很開心，卻也有些懊惱，心想，自己是直接接受佩霞老師指導，怎麼還不如妹妹只是聽聽轉述分享，就能學得那麼快、那麼熟練，這不免讓她心生挫折。

不過瑞嘉說自己也想過，之所以無法像妹妹這樣，一定有某些特定因素，雖然目前還不知道問題出在哪，但她決定持續練習。糾結就糾結吧，解不開也沒關係，就算解開了一個，想必還會有另一個出現。雖然處在其中並不舒服，但也因為這樣，才會一直想找到出口，想方設法讓自己回到平靜，過程雖然有些懊惱，卻也十分珍惜其中的進展。

瑞嘉提到，課堂上學到了很多工具，無論是靜心、愛的運轉力、轉念功課或非暴力溝通，每個課程都環環相扣，追根究柢，都是關於意識的提升，找到當下的力量，讓自己回歸喜悅的自然寧靜中。

瑞嘉晚上工作時，都會播放音樂或聽我在YouTube「Dr. 賴佩霞」頻道的影片，一邊做事，一邊沉浸在身心成長的喜悅裡。她說這時候工作效率特別高，有時到了凌晨三、四點，還捨不得上床睡覺，總想多品嘗那一股在完美中又摻著一絲絲寂寥的自由，說什麼也不想中斷這樣的幸福。即使隔天早上醒來，可能因為睡眠不足會有一點睡眼惺忪，但還是十分回味那份恬靜。

瑞嘉平常和其他學員沒太多互動，因為她說心底還有一些拉扯，目前雖然還無法跨越，但她也知道，只要有一天決定走到外面尋求支持，同學和老師都會在一旁關注自己，所以在還沒有願意全然敞開之前，就算保持現況，似乎也沒什麼太大問題。在這裡她學到了同理心，沒有什麼應該、沒有什麼需要強迫，只有如實如是的自我接納，在這一路學習的道路上，這是最令她感動的地方。

我在瑞嘉身上體悟到人性的善與美，雖然有著對自己的質疑，然而她是清明的，她知道擁有可以幫助自己的工具，絕對不會是一個受害者，她知道自己擁有選擇權，即使碰到挫折，最終的結果依然掌握在自己手中。就算全世界的人都徜徉在快樂中，她仍然可以選擇哀悼生命中的失落，而不自責。現在她懂得用自己的方式，來勾勒想要的幸福，不必非得和別人一樣。就算喜歡秋天的蕭瑟或冬天的酷寒，只要是出於自己清明的抉擇，必然能感悟到生命的豐盛。

我跟瑞嘉說，雖然她很羨慕妹妹能快速把不愉快的念頭都轉掉，但妹妹之所以能快速成長，是因為有姊姊的羽翼呵護。

從心理學的角度來看，每個孩子在家中不同的排行，自然有其養成的本能差異。身為老大的瑞嘉，有傳統大姊的角色在身，就算過著像妹妹一樣看似輕鬆的生活，心裡還是免不了要比其他家人多一份責任與承擔。也就是說，輕鬆不會是瑞嘉真心想要的，她最想要的，反而是成為家人心中最值得信賴的依靠，這對她來說，比起輕鬆更顯得有意義和價值。

妹妹在生活中扮演的角色，絕對不是瑞嘉在原生家庭中的習慣角色，這也說明為什麼意識清醒至關重要。對一般家中老大來說，承擔責任是如此習以為常，除此之外，還要肩負扮演弟弟、妹妹好榜樣的角色。隨著原生家庭的既有架構，不自覺中，姊妹之間的互動就會是姊姊給予，妹妹接收。只要做妹妹的願意接受姊姊的指引，就是回饋姊姊的呵護最有價值的禮物。

如果瑞嘉想改變這個行之有年的家庭系統，就會需要醒悟和調整，但話又說回來，除非受到壓迫或覺得委屈，否則只要能體恤家中每個人的貢獻，感謝彼此的支援相伴，自然就能在原有家庭系統中，找到足以撼動人心的感動與力量。

讓我的快樂休一天假

四十年前，我第一次接觸心理學；三十年前，我投入身心靈領域；二十年前，我學習轉念；十年前，基於種種對身心靈成長的領悟，以及對情緒和念頭的覺察已有不少時日，我開始寫書，記錄生命的感動與讀者分享。近期，我又投入和覺察信念息息相關的催眠研究，主要目的就是希望除了把一些耗費心力的情緒與念頭做一番清理，還能藉由科學研究的成果，讓我們帶著清明的意識，行使自己的主導權，把有利身心的種種元素重新注入自己的生命。

白天我們都在扮演自己慣性的角色，日復一日，有的人十分緊繃，有的人相對輕鬆。其實，只要睜開眼睛看看生活周遭，想知道自己的思維慣性並不難，因為眼前呈現的，都是透過我們現有的信念所建構出來的世界。然後到了夜晚，神奇的造物者就會在睡夢中為我們的身心靈進行調節、修復，將白天累積的承擔一一梳理，釋放生活的種種壓力與負擔。

一早醒來，除非有些未竟之事，否則，大多數的人都能感受到一股清新的喜悅。然而，還是會有那麼幾天，可能因為某些因素就是無法展開笑顏，這時怎麼辦？我會清楚的告訴自己：「好吧！今天就讓我的快樂休一天假吧！」就這麼簡單的一個轉念，就能讓我毫無負擔的接納低潮的自己。這是我們需要保留給自己的空間，清醒的疼惜自己、善待自己。這個時候，我的狀態無異於瑞嘉提到的，在夜深人靜時刻，一個人一邊工作，一邊聽著自己喜歡的音樂或影音，享受當下的清淨而捨不得入睡。

從現在開始，也許我們也可以允許自己，除了享受愉悅，也可以享受低潮的淬鍊；畢竟這都是生命必經的起落與成長。

當我們開始接受自己所有的樣貌，就能直接碰觸到心靈深處渴望被人無條件全然接納的喜悅。一直以來，我們不斷向外索求，希望能從別人對我們的接納中，感知這份滿足，然而當我們發現，原來這樣的渴望透過自我接納就能完整滿足時，心中的豁然可想而知能帶來多大的狂喜。

因此，重點將不再是我是否神清氣爽、我是否是快樂的人？而是我能接納自己的全貌；這般如實如是的醒覺，比起一般人所認知的快樂，更令我讚嘆。

無論沮喪或開心，關鍵在於「這是我的抉擇」，這是在今天的情境下，我為自己做的抉擇。當我今天選擇讓快樂休一天假時，內心會感到一股甜蜜的滋養，因為我疼惜自己，為照顧自己而負起全然的責任。想想看，如果連快不快樂都可以不帶罪惡感的自由選擇，相信我們和存在的關係會愈來愈和諧。當我們不抗拒時，將會看到生命本然的層層價值。

我的心情好壞，是誰的事？如果是我的事，我可以選擇：一、透過轉念功課讓自己好好喘一口氣，輕鬆一下；或選擇二、待在現在的狀態裡，依然讓自己好好輕鬆一下，喘口氣；我們可以全然擁有自己的抉擇，擁有自己的主張。

當我們真心懂得接受、感受、享受全方位的生活樣貌，不再挑剔自己的不是，終將意識到，單純的事實真相，比我們一心想追求的快樂，更豐富、仁慈、甜蜜多了。

第七章

關於轉念功課的深度思考

雖然轉念功課的心法簡明扼要，練習起來也不複雜，但因為和我們原本的思緒脈絡衝突太大，實際執行時，還是會有一些地方需要特別留意。這些年，我在解說轉念功課的過程中，或是和學員交換學習心得時，不時被問到一些實際練習時產生的疑問與不確定。

我將一些較常被提及的問題，以及我的回應整理如下，希望讀者自行練習時，能更得心應手，盡可能減少摸索的時間，也可以讓轉念功課的作用，發揮得更加徹底。

每次練習轉念都要填寫「批評鄰人作業單」嗎？

凱蒂設計的這張表單，顧名思義，就是要我們在對某個人不滿時，寫下腦海中一條條無意識的斥責、詛咒、叫囂、教訓、懊惱等，像脫韁野馬一樣直奔、亂竄、凶猛的聲音。這些聲音無異於我們華人常說的「我執」或「自我」。

當我們把心中的不滿一條條寫下時，基本上就會有釋然的感覺。我之所以如此推崇轉念功課，是因為我們可以在極端私密的情形下，面對自己內心的惡形惡狀，不需要隱晦或躲躲藏藏。即便很多時候，因為文化或教養的關係，我們不願意輕易承認心中的不滿，但相較於隨處去抱怨別人的不是，填寫「批評鄰人作業單」到完成轉念功課的過程，由各個層面來看都更有建樹。

所以，在填寫這份作業單時，就已經在幫助我們釋放情緒，這對某些人來說，的確會有爽快的感覺。然而更美的是，我們其實是在放下心中那個高標準的「理想我」形象，誠實面對自己。

如果只是要我們寫下一些罵人的話，雖然得以發揮紓壓效果，但對平常謹言慎行的人來說，的確形成不了太大的推動力。然而，如果今天寫下心裡的不堪，是為了達到某個更好的結果，像是「提升意識覺知」、「開悟」、「利己利人」，也許就有比較多人願意提起勇氣，嘗試面對隱藏內心的黑暗。

接下來，我們就可以根據寫下來的內容，有憑有據、無法閃躲、有所本的好好仔細檢視這些「念頭」的真假，將每句寫下來的批評、每個心念都用轉念功課的四問與反轉來一一參透，得到真相。

寫下來還有一個功能是，讓狡猾的頭腦得以安定下來，避免它任意開溜。

了解了「批評鄰人作業單」的目的，需要的人可以用它來好好傾瀉、吐露心聲，沒有任何壞處，畢竟誠實面對自己總是成長的第一步。對我來說，整個轉念心法關鍵在於轉念功課的運用。只要覺知到自己抱持的負面念頭，就可以直接參問，這才是我在轉念心法取得的精髓，也是我認為最珍貴的地方。

每個人都可以試著寫寫看。寫完後，從中找出關鍵句來進行轉念功課的四問與反轉。以下是我簡單想到一般人對家人的批評，你也可以試著寫寫屬於你心裡的答案。

一、我對誰感到失望、憤怒，為什麼？

「我對先生感到生氣，因為每次跟他說話，他都一副不理不睬的樣子。」

二、我想要他做出什麼樣的改變？

「我要他重視我，而且知道自己錯了，不應該這樣對我。」

三、我要給他什麼明確的建議？

「他應該跟我道歉，表示懺悔，應該要珍惜我所做的一切，不可以繼續漠視我。」

四、我需要他做些什麼來讓我開心？

「我需要他把我當一回事，當我說話時，我要他專心聽我把話說完，不要一副我好像只會碎唸的樣子。」

五、列舉他種種令我不滿的行為。

「他目中無人、聽不進別人說的話、沒禮貌又優柔寡斷。」

六、我再也不要在他身上經歷什麼？

「我再也不要經歷他那個自以為是、高傲、事不關己的樣子。」

從我寫下來的句子，列舉幾個可以用來參問的例子：

「每次跟先生說話，他都一副不理不睬的樣子，真的嗎？」接著繼續進行一連串四問與反轉的參問。其他可以用來參問的還有：「我需要他重視我，真的嗎？」、「我要他知道自己錯了，真的嗎？」、「他不應該這樣對我，真的嗎？」、「他應該跟我道歉，真的嗎？」等。

如果單看文字，我們的直接反應當然是「真的！」但如果沉靜下來，仔細針對寫下來的句子好好問自己，你可能會跟我一樣看見這一句句「真的」背後的荒謬。

在我看來，我才是真正需要跟自己道歉的人，因為我沒有好好照顧自己的身心，任憑「念頭」將我俘虜，讓我錯失善待自己的機會，沒有負起責任，扮演本該好好重視自己的主要角色。

結論是，剛開始的時候，無論是無法面對自己對別人的批判，或者因為太多負面情緒無法聚焦，都可以藉由填寫「批評鄰人作業單」讓自己進入狀況，但只要慢慢能有意識的逮到心裡任何負面的聲音或念頭時，填寫作業單就沒那麼重要了，因為發洩不是我在這裡想著墨的重點。

事實是，如果跟著一步步練習到現在，就會發現，其實，逮到自己的念頭，一句「真的嗎？」就足以讓自己醒來、回到當下了，甚至還莞爾一笑：「嘿嘿嘿！」

為什麼轉念功課需要那麼多練習，而且要花那麼長的時間？

人類大腦的運作其實很取巧，一旦養成習慣，就會在同樣的模式裡打轉，頂多在既有的系統裡做微幅調整。因此，我們既有的思維模式，就是我們回應世界的方式。

依照腦科學家的研究，我們的思維框架大概在六、七歲就已差不多大勢底定，一生可能都不會有太大改變。除非周圍有清明的人幫我們提升意識，或生命受到巨大衝撞，被逼著不得不做調整，否則我們對世界的解讀，就會一直停留在原有的慣性，以同樣的角度去解讀、想像、設定，始終以拿手熟悉的方式面對眼前遇到的各種事情。

正因為如此，每次一有事情發生，我們會習慣從既定的範疇中，找出看似可行的方法，即使一點效用也沒有，但直到面臨重大痛苦卻遲遲無法掙脫之前，我們都很難看穿既有的模式根本無法帶自己走出困境。只有意識到再不跳脫就看不到曙光時，才願意臣服與妥協，才會逼自己走出框架。

由於我們的思維在長時間的訓練中，變得極度自動化，事情一發生，腦袋直接在慣性思考中，尋找熟悉的應對模式。每個人都有「若A則B」的自動化反應，就像先前提到容穗的例子。在捷運上一發現有人把聲音放出來，腦中立刻浮現「沒公德心」，而不會對人行為背後的原因或理由產生好奇。當下腦子幾乎完全沒其他想法，因為慣性思維一向如此，第一時間就以既定印象做出主觀判斷。

我常常以登山來形容大腦神經網路。剛誕生的嬰兒，大腦就像山林一樣縝密，每個外來刺激、內在反應、種種日常經驗，會在神經系統留下印記，同樣的經驗愈頻繁，神經元就愈茁壯。就像走山路，如果每次都走同一條路，愈是經常走，路線就會愈明顯，愈走愈順暢，愈走愈快，因為容易。思維也是這樣，一旦遇到曾經有過的經驗，就會自動套用過去的路線來解讀眼前的事。小時候和爸媽、家人互動的方式，還有家人和世界的互動方式……久而久之，我們看待世界的角度和心態也就慢慢如此定型。

簡單來說就是，家長樂觀，孩子樂觀；家長悲觀，孩子悲觀。因為我們的信念是靠經驗形成，沒有經驗，就不可能有強化的信念。最多可能是我們長大後，認為某個觀念不錯，卻不足以成為自動思維系統的信念，因為體驗不足。

碰到對新事物沒太大興趣的人，自然凡事會不做他想的按慣性回應，因為效率高、方便，不需花心力處理，但也往往因為如此，便導致判斷有誤的結果。例如，貼標籤就是個很常見的問題，把事情簡化到「人生很苦」、「男兒有淚不輕彈」、「女人就是要結婚生子」、「我怎麼這麼沒用」……總之若A則B，遇到事情就用貼標籤的方式，讓一切盡可能簡化到不需耗費腦力去思考。

問題在於，智慧的增長是一種承諾，需要不斷思辨、不斷迎接挑戰。那些理所當然、損人不利己的思維，需要我們不斷質疑與修正。難就難在，通常只有在情非得已，不得不改變的情況下，人才會清醒過來，願意以不同的方式走一條新的路。學習轉念功課就好像種下一顆質疑自己舊念頭的種子，之後，還要繼續澆水、施肥、晒太陽，才能讓種子發芽成長、茁壯。

想要過一個醒悟的生活，說穿了就是一種習慣。總而言之，想要擁有醒悟的思維，神經網路也需要長時間來打造和串聯，有了意願的支持，一條條神經就會在腦海中一次又一次的刻下連結，愈來愈茁壯，直到它也成為我們自動化的思維。

從腦神經科學的角度來看，那些一直以來習慣的、相對負面的，或自我否定的念頭，並不會因為吃齋唸佛或看很多書就可以超越解脫。雖然有些事情比較容易放下，但有些事情就相對困難，一切取決於念頭深植腦海的程度，取決於連結該念頭曾有過的生命經驗。每個人受困的程度都不同，如果沒有適當的學習，只是循著原有的神經網路系統思考，結果就是繼續緊抱既有信念不放，錯失體驗覺醒的自在與豁達。

有些信念的確帶給人很大的痛苦，因此讓人極度渴望能離苦得樂，也似乎只有迫切的心，我們才會願意敞開心胸去學習用新的視角來看待生命。而轉念功課一開始，就是讓我們瞥見念頭與無意識之間的空隙，靠著一次次的練習，把念頭鬆開，看見事實的真相，進而享受接納「如是」的輕鬆與圓滿。

既然頭腦很懶，為什麼還會一直冒出那麼多念頭？

所謂頭腦很懶，並不表示頭腦喜歡安靜，而是說對於不熟悉的領域，基本上都懶得碰、懶得管。就算是知識上的學習，只要觸及和情緒相關的議題，很多人躲都來不及，沒幾個人會想方設法探究讓自己不愉快的事，每天延續一些固定、重複的事或工作，習慣僵固思維，不喜歡不經邀請的新事物，更別提要問自己說：「我的腦袋在幹嘛？這些念頭對我有幫助嗎？這樣的想法如何建構我的人生？」諷刺的是，頭腦雖然偷懶，卻也沒有閒過，反而長期陷入周而復始、沒完沒了的瞎操心模式。

幾乎每個人都以慣性思維在回應這個世界，但愈煩心的事，愈在腦子裡盤旋不散。直到有一天大事發生，走到窮途末路、一籌莫展，才會迫使自己不得不停下來尋找新方法，探尋新的可能性。

雖然頭腦不喜歡費力思考，想省力氣，但事實上，頭腦並不喜歡無所事事，它喜歡製造問題、解決問題、製造問題、解決問題……那是頭腦的本能。所以遇到問題，就先怨天尤人，抱怨完左鄰，再抱怨右舍；說完另一半，再去唸唸小孩，思緒始終在同樣的情緒框架裡遊走、徘徊。

轉念功課其實是借力使力，不需要再去唸一堆新的學問，當我們面對新的負面思維時，只要讓頭腦停下來進行自我思辨，這個過程就能幫助自己長智慧，一旦願意一次又一次參問，累積一定時日後，自然能享受到大腦和念頭鬆綁後所騰出來的「空」。

頭腦並不喜歡「空」，它把「空」視為末日、視為死亡。腦子一旦停止它一直以來被設定的「多慮」，對頭腦來說是一件極度恐慌的事。就像是老闆問員工一個問題，如果員工沒有快速給出適切的解決之道，就會認為自己不靈光，擔心老闆可能因此對自己不滿意，連帶影響考績和升遷。

所以我們習慣頭腦不停的轉、不停的繞，因為頭腦停下來就代表它廢了、沒有作用了，這會讓人驚慌而且難以忍受。正因如此，我們經常不自覺落入製造問題、解決問題的循環模式，以免頭腦空下來引發的莫名焦慮及自我否定。

做轉念功課一定要按照四個提問及反轉的順序練習嗎？

我個人的經驗是剛開始練習轉念時，最好依序自問自答，到了某個時間點，很自然的，一旦第一個提問出現，接下來的提問，就會像推倒骨牌一樣秒殺。只要練習得夠純熟、看得夠清楚，就會知道一切都只是念頭在作祟。但剛開始練習時，的確有必要依序回答每個提問，因為每個提問都有各自的作用和功能，而提問和提問之間是環環相扣的前後呼應。

以第一個提問「真的嗎？」為例，這個提問目的在於讓我們看清楚「事實」。例如，當我們抱著「他不應該撒謊」的信念，即刻接著問自己：「真的嗎？」這時不假思索的答案經常是：「當然是真的啊！人本來就不應該撒謊。」之所以回答「真的！」，是指道德禮教上的道理，並不代表「事實真相」是如此。

這就是一開始腦袋最無法分辨的地方，因為事實真相是，每個人都會撒謊，或者說，每個人都可以撒謊。

「人不應該撒謊」這句話本身就是個幻象。好比我們在路上遇到不太熟的朋友，對方禮貌的問一聲：「今天好嗎？」通常我們也會禮貌性的回答：「好啊！」或是「不錯啊！」但實際上，很可能出門前才和家人大吵一架，只是基於社交禮儀或隱私，選擇回覆「一切都好」。像這樣的情況不勝枚舉，嚴格說起來，我們每天可能都在講一些違背自己的謊言。

如果真的要做到「不可以說謊」，當有人問起：「你好嗎？」而我們也據實以報，光回答「好不好」的問題，不只耗上大半天，對方大概也會覺得尷尬，走也不是，不走也不是。絲毫沒有保留的「不說謊」，並非對方禮貌性問候所預期的回應。由此可知「人不應該撒謊」基本上是天方夜譚，不是一個事實，難怪持有這樣的信念過日子的人，一定很受苦，因為這信念與事實之間存在著極大落差。

如果真能參透這個念頭「不是真的」，就是「如實」、就是「開悟」、就是「臣服」，臣服於「如是」，而接下來就有機會看清楚，自己為了這樣虛幻的念頭，受盡多少委屈與折磨。

轉念功課就是在處理「我執」，就是在破解讓自己不快樂又固執的信念。一旦領悟了真相，就能心平氣和接受事實本有的樣貌，就可以探索「更接近事實的念頭是什麼？」也就是說，先從執念走出來，爾後則是反轉思考「我要求別人的事，自己做得到嗎？」或是「什麼是我更好的選擇？」說穿了，反轉指的就是這兩件事。

「他不應該說謊，真的嗎？」

「我不應該說謊，我做得到嗎？」別瞎說了。年節一到，見到話不投機的親戚，還不是得佯裝熱絡寒暄幾句？

又如老闆脾氣暴躁，常常對員工大呼小叫，轉念功課第四問：當我沒有「他不應該」的念頭時，我是怎樣的人？我們試著來想想看。或許，我們會想到：老闆脾氣不好，在家和另一半關係可能也不好，孩子可能也不聽話，家人都不搭理他。但他有錢，他就是可以開一家公司，聘請員工來聽他碎唸。他每天藉由苛責員工來發洩情緒，有何不可？他不想找心理醫師或諮商師，寧願把錢拿來付給員工，對他來說有何不可？只要「如是」去看待「這個老闆就是這樣」，接下來，就只需要問自己：「我要不要繼續在這裡領他的薪水？」

我曾經耳聞某大企業的員工說過，他們公司只要耐得住罵的人，薪水可以多五倍。我真的問過很多人：「耐罵的話薪水多五倍，你肯不肯？」相信我，回答「當然肯！」的人占大多數。五倍的薪水，自然很誘人，如果我是那家公司的員工，我就會思考到底應該及早走人、還是看在錢多的分上委曲求全？只要認清自己的抉擇，知道自己要什麼、想做什麼，事情自然就容易許多。

這是選擇，也是策略。如果理解自己的力量所在，就不會一直深陷在情緒的泥淖中。學習看清楚事實真相，把焦點放在能使力的地方，然後做出對自己最有利的抉擇。當然，那是最完美的計畫，但人往往卡在最前面那一關，整個腦子被「他怎麼可以這樣，他不應該這樣、不應該那樣……」的聲音給占滿，力氣都花在抗拒對方、懊惱自己，自然沒餘力好好正視自己的當下與未來。

只因為沒有經過醒覺的參問，大多數人遇到問題只會感到無能為力，也沒有做出其他選擇，只好拉著別人抱怨、發牢騷，又因為沒能做出任何改變，心裡暗暗埋怨自己沒骨氣。其實只要好好參問自己，到底是要轉念還是換工作？自然就能從這樣的惡性循環裡醒過來。總而言之，成天處在抱怨發洩、責備自己的狀態裡，面對的不只是別人的欺侮，自己也沒讓自己好過，怎麼也得不到想要的幸福與快樂。

事實上，如何對待員工是老闆的事，我們不必太過涉入，也沒必要跟著起舞，如果真的太過分，尋求法律途徑就是了。既然決定繼續待在這家公司，就趕緊練習轉念，讓自己保持清醒，堅持自己的目標，別被紛亂的念頭搞得雞飛狗跳。

只要是經過深入參問的抉擇，就算目前還沒準備好做外在的改變，最起碼不必自責，遇上愛罵人但薪水多五倍的老闆，承認自己就是需要這份高薪也不為過，即使被罵得毫無尊嚴，只要能誠實面對自己的需求，不縮小自己，不數落自己為五斗米折腰、沒骨氣，也不要跟著其他人在背後批評謾罵。說穿了，繼續待在這家公司一定有其誘因，否則早就走人了，就心平氣和的承認這一點吧！

轉念功課幫助我們理性看待問題、釐清真相、做出選擇。剛開始學習時，鐵定要追根究柢，一步一步踏實的沉靜與回答。接下來，就看自己的熟練程度了，一旦看透一切都是念頭的問題之後，當念頭一冒出來，一句「真的嗎？」就會自動煙消雲散，自己搞定。如果還有罣礙，就請按部就班，一步一步慢慢跟著做，直到找到平靜。切記，整個過程我們都是在訓練自己的頭腦放下虛幻的執著。

學習轉念功課前，要先做好什麼準備？

我在本書前言提到，接觸轉念之初，就是因為對某人很反感，當時如果問我世界上有沒有討厭的人，我會毫不猶豫的想到他。

這個人有相當傑出的專業表現，除了受業界推崇，也在知名機構任職高位。開口閉口佛法，但現實生活中，對父母、老婆、子女百般數落，說來說去都是自己最崇高。看在我眼裡，不免認為他說一套、做一套，表裡不一，對他很有意見。我開始學習轉念，就是想要把對此人的厭惡之心轉掉，結果發現「果然有效」，這也是後來我積極深入了解，並且致力推廣轉念的原因之一。

雖然如此，在美國上凱蒂的課程時，第一天就要我們填寫「批評鄰人作業單」，找出一個自己想批評謾罵的對象，無論是鄰居、親戚、友人、同事……任何平常私下會跟身旁的人抱怨或論斷的對象都可以。

沒想到在那個時刻，我卻自認為：「沒有啊！我沒有任何想要抱怨的人，我怎麼會去批評人呢？就算跟誰有過什麼不愉快，也都早早放下，事過境遷了。我花了這麼多時間內省自修，心中有愛又懂得尊重別人，怎麼會對別人有意見呢？」當時會有這樣的反應，完全是因為放不下自尊心來面對真實的內在。這往往會是我們最困難、也最需要克服的關鍵。

因為不願意承認自己也會批評別人，不想面對自己的小心眼、愛計較、有憤怒、攻心計等等，所以最方便的方法就是告訴自己或別人說：「實在是因為他太過分了，才會連我這麼溫和的人也被惹毛，他實在太糟糕了。」然後腦子就跟著不斷想方設法強化對方的不是。

即使如此，當情緒爆發，生氣火大的當下，心裡還是忍不住想著，要是有個老師或什麼方法，讓我不需要死這麼多細胞該有多好。但只要事過境遷，或許過了一個晚上，又會告訴自己：「其實也沒關係啦！反正就是這樣嘛！想開一點就好了。」大多數人都是這樣過日子的，即使氣得牙癢癢，弄到晚上失眠，隔天還是期許自己能做個

「有修養」的人，「算了，不去想就沒事了。」

也就是因為週而復始用這樣的方式處理問題，才會有所謂的「背對背的和諧」，自以為轉過身去，當作沒有這回事就好了，反正日子總得繼續過下去。但是，我的經驗告訴我，放著不去處理的問題，並不會自動消失，反而會讓我們在生命的某個角落卡關。

當自尊心爆表時，即使知道轉念功課對自己很有幫助，也會因為不願意承認自己「有狀況」而拒絕面對和學習。腦海中似乎有個慣性聲音告訴自己「沒什麼大不了」、「我可以搞定」、「算了算了」……那些不習慣提出請求的人，更是無法意識到自己需要幫忙，仍然堅信凡事咬緊牙關靠自己也能撐過去，總要到問題嚴重到扛不住了，才會虛心向外求援。

轉念功課最終讓我們面對現實，既然是自己不開心，就自己面對，而不是一直停留在「他應該……」，一味想給別人開藥方。也因此，首先我們必須承認自己真的有情緒，無論是生氣、不滿、憤怒、失落、挫折、沮喪、悲傷……坦然接受自己的確是帶有某些不舒服的情緒，並且願意面對自己需要協助的事實，然後誠實的把心裡那些尖酸刻薄、自怨自艾、傲慢自大等對人的各種批評意見，一一寫下來，再一個一個去檢視，幫助自己找到解套的方法。

不只是針對別人，即使不滿意的對象是自己也一樣，寫下來，一一參問。「我當時真的很不應該……」反轉，「我應該……」繼續舉出三個例子：一、因為當時沒想那麼多；二、因為當時沒有人生歷練；三、如果不是那一次的經驗，我也不會反省……持平來說，這些在我看來都是很合理的生命成長歷程，幹嘛那麼苛責自己。其實，我們都是自己無意識下的受害者。

每一步，都是很重要的過程，而真誠的承認自己的確有些無意識的信念需要面對，則是解決問題的關鍵第一步。

轉念功課雖然主要是在幫助自己醒悟，但如果想透過轉念這個系統去支持別人，只要對方願意，也是可行的。最簡單的方式，就是拿起紙筆，請對方把關鍵句寫下來，然後，就照著轉念功課的四個提問與反轉一一進行。

初期將轉念功課用在他人身上的困難之處，主要在於自己的腦袋也會跟著打結，或因為太被故事吸引，不由自主跟著進入對方的故事情節，因為太投入而開始同理對方、同情對方、感覺對方，而無法在「清明」的狀態下支持對方。

轉念功課不是心理諮商，比較像是禪宗的當頭棒喝。

當對方振振有詞，述說著自己的「對」和別人的「錯」時，我們既要保持清明，還要不失溫暖。怎麼樣，簡單吧？沒錯，聽起來很簡單……

我們能做的也只是邀請對方進入「轉念」世界。如果對方仍處在情緒高漲的節骨眼上，堅持自己的念頭絕對是正確的，我們有兩個選擇：一、繼續聽他說，讓他好好發洩一下情緒；二、自己轉念，告訴自己，他不需要轉念。

很多聰明、頭腦機靈的人，會發揮腦袋所長而喋喋不休，以避免面對問題核心。對任何初期接觸轉念的人來說，這是一種完全陌生的思維模式。腦子喜歡走在熟悉的路徑，才會覺得自己管用，像轉念這種最終會讓人「臣服」的新思維模式，最初接觸時，難免有所抗拒。

但是，沒關係，就當作是對頭腦的探索和練習，只要記得「謙卑」一點總沒錯，腦袋畢竟是別人的，主導權在他手上，而且，我們也不可能把對方的頭腦搞壞，最多也只是霧煞煞而已。

轉念功課幫忙我們解開腦子裡的死結，如果覺得別人「笨」，能做的就是想辦法把自己變聰明，既然這是我所欣賞的品格，那我就好好提升自己。這不是比氣急敗壞指責別人笨，來得聰明多了嗎？

一旦把「笨」的念頭套到別人身上，其實反而會帶給自己困擾，因為沒有幾個人會坦然接受「自己笨」的說法，就像我們也不會欣然接受別人批評我們「笨」的道理是一樣的。

我們要解開緊緊抓在手上的「標籤」，無論對象是誰。

「批評」永遠有兩面，由於對某種特質有很大的抗拒和批判，以至於會完全看不到自己身上也有類似特質。

理由很簡單，如果我們看見自己也有同樣特質，就能同理對方，產生同理心，而絕不會是鄙視對方，產生憎惡心。也就是說，當我們討厭別人笨，就看不到自己的不聰明，厭惡的心態使我們盲目，連看自己的勇氣都沒有，更別說承認了。

因此，要對我們在別人身上貼的惡質標籤保持警覺；我們本來以為厭惡、鄙視可以把別人和自己區隔開，卻沒想到其實是我們的厭惡在傷人，不僅傷了別人，而且更傷了自己。

現在隨意舉出三個自己不聰明的例子，看看會是什麼情況？眼睛閉起來，想想自己曾有過的不聰明行為，如果有困難，記得深呼吸。

一路做轉念功課，最後的洞見會是，每個人都有自己運用資源的方式；不喜歡笨的人，最佳解決方案就是，自己學著聰明一點。

若是能承認，人性中所謂的「錯、惡、醜陋」自己內在也都有，就不會產生那麼大的抗拒和嫌惡。試著接納人性的全貌，當厭惡心再次升起，提醒自己要留意，其實你我內在還是有許多相似之處。

如何分清楚什麼是「念頭」，什麼是「情緒」？

情緒和念頭不一樣，「轉念」要轉的是念頭，不是情緒，而我們又如何定義它們呢？關於這個問題，醫學、科學近來有很多研究，我不是腦神經科學家，只能從某個熟悉的角度做一些淺顯易懂的說明。或許你聽過這樣的說法：「事情本身是中性的，是我們的解讀方式，決定了我們的情緒。」也就是說，想法決定了當下的情緒。

生命經歷過的事，都會儲存在我們的腦神經細胞，基於經驗本身的感覺好壞，我們對它有所解讀，而解讀出來的念頭，就是決定情緒好壞的依據。所以當念頭一浮起，我們過往儲存在神經系統的記憶，就會在無意識的狀況下整個被啟動。

情緒是念頭的產物，有了念頭，情緒自動尾隨興起。假設現在有一個人在大庭廣眾下叫囂，我們或許解讀此人為精神異常，擔心他做出什麼瘋狂舉動。但如果今天一個人的叫囂是因為戲劇演出，我們的反應可能會是哈哈大笑。因此，是我們的解讀引發了情緒；負面的念頭引發負面情緒，友善的念頭引發友善的情緒。

我們常有這樣的經驗：如果有人看我一眼，而我腦中冒出了「他不懷好意」的念頭時，我的情緒反應自然不會太友善。事實證明，我們的念頭和情緒息息相關，所以，如果希望擁有好情緒，很簡單，關鍵在於培養對自己友善的念頭。

嚴格說起來，我們的情緒反應往往和童年的過往經驗息息相關。我用一個比較極端的方式解釋，如果一個人在原生家庭裡汲取過多、過大的負面情緒，比如受虐，轉念功課做起來會相對困難。因為負面情緒緊緊鎖在深層的無意識中，當信念一啟動，無法解釋的受虐經驗與情緒統統會被引動，這就是《當下的力量》（*The Power of Now*）、《一個新世界》（*A New Earth*）作者艾克哈特．托勒（Eckhart Tolle）所說的「痛苦之身」。當象徵過往負面情緒的痛苦之身被喚醒時，我們自己是處於惡魔上身的狀態，在這個時候，任何話都聽不進去。

這也說明了，為什麼飽受家庭創傷的人，比起來自幸福家庭的人，做起轉念功課會相對艱難。當念頭和強烈的負面情緒緊緊綁在一起，想要清明的看清楚真相，相對費心費力，往往需要更多時間沉澱，才能從無意識的情緒中把念頭獨立出來。在情緒未能得到適當梳理前，隨著信念而起的，會是憤恨難平的情緒，這時候要求對方保持理性是很不容易的事。

這也是為什麼我在進行轉念課程之前，都會先讓學員釋放情緒，讓情緒得到適當的紓解。這也是為什麼多年來我持續在教「愛的運轉力」課程，主要面對的就是與原生家庭的心理關係，這議題至關重要，可說是我們發展所有關係的基礎。

透過情緒釋放與梳理，稍微拉開自己和情緒黑洞的距離，就可以騰出空間對「念頭」做理性的參問，以免受制於龐大的複雜情緒，而阻礙事實真相的呈現。否則，可想而知，對一個從小受虐的人來說，即使已經成年，要說出「父母可以虐待我」這句話，會有多麼大的掙扎與衝擊。經驗告訴我，正視情緒的價值至關重要，對童年曾受重大創傷的人來說，雙管齊下之轉念功課就能發揮它最大的神效。

為了細說分明，前面舉的是比較極端、情緒訴求比較大的例子。然而對一般人來說，轉念功課就是直接把混淆在過往情緒裡的念頭，硬生生拉出來，做清醒的參問與分析，同時與眼前的事實相比對。這是一個極度理性、就事論事的過程，尤其對平常就偏重於理性思考的人，或需要理性交流的場合特別適用，譬如職場應對就是其一。這也是我認為轉念功課在職場上非常值得推廣的原因。面對一般日常上的生活互動，它可以很理性而即時的處理當下冒上來的念頭，不涉及任何情緒，讓人可以很快了解事實真相，知道下一步能做什麼，不會讓情緒膠著太久，導致工作無法進展。

單單看一個「念頭」需不需要存在，只要經過比較「有這個念頭的自己」以及「沒有這個念頭的自己」的差異，幾乎就可以見真章了。為了確保當事人能看得更清晰，我往往會再追問「你喜歡哪一個自己？」直到目前，每個人都說喜歡後者，無一例外。這表示，一切的肇因都是念頭，在沒那個念頭的情形下，就可以像小鳥自由自在；反之，抱持著念頭不放，就會被綁得很緊，成了念頭下的受害者。

簡而言之，造成我們不舒服的根源，是自己的念頭，和他人的關係微乎其微。沒有經過參問的念頭，無意識中自然會受控於過往的生命經驗；一旦經過意識的提煉，就能清醒的活在當下，為自己做出最明智的選擇。

轉念功課是要我們成為沒情緒的人嗎？

轉念功課不是要把我們訓練成沒有情緒的人，而是讓我們在經歷當下不舒服的情緒時，有能力快速調整自己到清明狀態，去面對眼前的真相。關於情緒部分，如有必要，可以先理性沉澱，清楚分辨什麼才是當下對自己、對方和環境都有利的處理方式。

如果我們因為轉念而不再痛苦，不就便宜了讓我們痛苦的人嗎？

轉念讓我們看到事實的真相，讓我們從自己的執念離開。在看到事實的真相後，會發現真相往往比自己的想像簡單多了。有個人在某個時刻說了我一句，當時我很難過、很生氣，但那個時刻早就過了，事實的真相就是，那個說我們的人都不知道跑哪去了，不知道在哪快活逍遙，結果只有我們自己還在這裡懊惱得半死。

很可能那個人早就不在我們的生活圈裡，既然都已經離開了，不是更好嗎？幹嘛有事沒事還把他請到我們的念頭裡來，讓自己不舒服呢？如果不把能量耗在這些念頭上，想想我們能做出多少有創意的事，人生可以是多麼璀燦、有趣！就算此人還是在我們的生活圈裡，經過轉念功課，我們可以不讓念頭影響自己，成功的話，他就只是存在地球某個角落的某個人。

也許有人要問，有沒有什麼方式，可以讓對方體會到比我們更大的痛苦？

我相信人與人之間是彼此相連、互相牽動的。去傷害那個傷害我們的人，最終並不會讓我們比較開心。很多時候我們以為自己好像贏了，卻沒有從更宏觀的角度去看，在整個大局裡，我們怎麼樣都是輸的一方。因為我們已經耗費了很多很多的能量，只為了一個小小的過癮。

很多時候，與其費盡心思和小奸小惡對抗，不如揮揮衣袖，拍拍屁股走人。我常講一個故事，監獄把犯人關起來，再派獄卒監管以懲罰犯罪的人，看起來好像獄卒比較自由，其實是兩人都失去自由。從這個角度來看，究竟是誰被囚禁？誰比較可憐？這就像是為了確保對方會很痛苦，我們也要和他關在一起，這樣的結果真有贏家嗎？

這個世界真的很大、很遼闊，如果為了向眼前這個二百五報一箭之仇，卻讓自己死守在鐵籠子外，錯失自由與幸福，想清楚就會知道，這真的是很不聰明的做法。

所以學了轉念功課這套工具，可以幫助我們清明的做出選擇，避免自己因為受念頭及憤怒所困，而做出「傷敵一千，自損八百」，怎麼看都不划算的決定。

學習靜心對轉念功課有什麼幫助？

靜心對轉念功課的練習相當有幫助，如果有靜心品質的加持，提問與回答就不會只是停在頭腦層次，而可以進入心靈的層面，也就是「如實如是」的體驗生命之道。

頭腦喜歡贏，因為頭腦的運作模式主要基於生存上的需要，幫助我們在各種艱難環境中可以成為贏家存活下來，而靜心的重要性在於幫助我們跳脫輸贏的大腦機制，得以沉靜下來。

如果我們希望培養自己盡可能待在「道」之中，待在清明、自如裡，而不是隨著好勝的念頭到處竄，那麼我們在看待這個世界時，會發現其實占據腦袋空間的好勝念頭，常常也只是一些沒意義的噪音。時常練習轉念功課，我們可以愈來愈清醒，慢慢不受那些來來去去的聲音驅使。

靜心的人，才能聽清楚那些無意義的叨唸，像是「這個應該這樣，那個應該那樣，這就不可以這樣，那就不可以那樣……」這些從小被灌輸的種種聲音，早已內化為根深柢固的信念，還有像是「我不夠好」、「我好可憐」、「我無能」的聲音，一直都卡在我們的思維系統中。在無意識中，我們讓這樣的系統持續存在，阻礙了自己迎向真相的能力與機會。

這些固執不放的概念與信念，如果是從小到大一再重複刻寫在腦海裡的聲音，怎麼可能輕易放掉？這也是我喜歡轉念功課的原因，正是提問與反轉的設計，讓我清楚看到在無明中，我是如何掩蓋自己生命的光采。而每次的參問過程中所看見的真相，就如同看見自己如何被自己的怒火燒得遍體鱗傷，這才知道要快速放手，趕緊回歸暫停廝殺的冷靜空間，把損人不利己的信念擱置一旁。

所有負面念頭，都可以用「真的嗎？」去粉碎，「人不應該……」、「媽媽不應該……」、「老闆不應該……」、「朋友不應該……」一旦問自己「真的嗎？」就會發現，沒有任何道理可以適用所有情境。

本書介紹的轉念心法，雖然只是四個提問與反轉，看起來真的很簡單，但過程如果只帶著隨便問問又隨便答答的心態，也就只能停留在講講道理的層面。相反的，如果能靜下心來，讓沉靜的品質支持我們看到真相，在每個提問虛心領會，每個答案由衷參問，加上一心渴望窺探究竟的成長型思維驅策之下，自然能見證轉念後的奇蹟。

轉念功課的玄妙之處在於，每個提問都是靜心，每個提問都可能給出令我們意想不到的答案。只要我們願意進入提問，經過靜心參問，自然會發現答案是如此鮮明易懂，因為支持這些答案的是如實真相，無須再多爭辯，解脫之道就在眼前。

靜心說起來很簡單，雖然不同門派有很多靜心法門，對我來說，靜心就是一種愛的氛圍，是支持我們如是、當下活著的生命存在。靜心就是意識的調整，幫助我們處在當下，同時洞悉一切的俱足與圓滿。腦子真的無須一直轉、一直跑，安靜久了，自然會溢出一陣陣感恩的醒悟。

不妨試著閉上眼睛，雙手手心朝上，處於一種敞開、信任的姿態，只要放鬆，安然的坐著，專注在當下，可以借助呼吸，吸氣、吐氣、再吸氣、再吐氣……盡量比平常氣吐得更深、更長一點，自然而然，心就會慢慢靜下來。

有了「靜」，我們才看得到「動」，才能看到製造煩惱的各種念頭，如果不盡早參問念頭的真假，這些煩惱的念頭就會在無意識中，建構出為我們製造煩惱的人生。如果可以，請培養自己靜心的習慣，在未來的日子裡，你將愈來愈明白，原來讓我們的人生變得一團亂的根源，真的只是自己的念頭，沒有別的。

後記

學會駕馭自己的思緒，是每個人一生必修的功課

以我從小到大的成長經歷來談論「痛苦」這件事，雖然說不上千辛萬苦，卻也吃了不少苦頭。現在的我可以很肯定的說，痛苦其實不是一件壞事，反而是推動我走向覺醒的主要動力。當初我就是因為不知道該怎麼辦，只好奮力尋找解脫之道，經過四十年的探索，如今能看懂幸福，享受生活的林林總總，都是受惠於曾經被我喻為痛苦的情緒與念頭。

我很喜歡法國精神科醫師、心理治療師克里斯多夫．安德烈

（Christophe André），同時也是一位暢銷作家，他曾在著作《靜能量》（*Sérénité*）裡，提到一個關於幸福的小故事。他要我們想一想：在冰冷的寒冬，家裡的熱水器壞了十天半個月，在這一段時間家裡完全沒熱水，如果想洗澡，最多也只能洗冷水。好不容易，就在熱水器修好的那天，當水龍頭一打開，蓮蓬頭的熱水灑在身上的那一刻，那種通體舒暢的滿足感，就是一種幸福。然而有趣的是，即使現在每天都有熱水洗澡，同樣的場景，卻無法感受到幸福的存在。

就這麼一個小小的故事，道盡了幸福與痛苦相對存在的必要；沒有痛苦經驗的比對，我們不容易覺察平常在日常生活中早就存在的點點滴滴，也不容易領會幸福。

這就是為什麼我會不斷提醒一定要沉靜下來，好好認清楚有「惱人念頭」時的痛苦，以及沒有「惱人念頭」時的自在，兩者之間的差別。相信整本書讀下來，我們都已經能清楚明白提升意識的重要。而把念頭解開的整個過程，最終是在幫助我們回歸每個人與生俱來都能享有的心靈自由。當然，也有人會稱這種解脫的過程為「做自己的主人」。這對我來說，本來就是理所當然的事。腦袋是我們自己的，裡面要裝什麼，我們本來就有百分之百的權利與自由。因此我也才認定說，**學會駕馭自己的思緒，是每個人一生必修的功課**。

我很幸運，在很小的時候便體驗了心靈慰藉的庇護，後來，又有幸透過心理學、靜心及轉念，學會面對生命挑戰的各種方法。我也跟很多人一樣，剛開始，明明知道什麼對自己最好，卻怎樣也做不到。慢慢才又學會不苛責自己，提醒自己「不要氣餒，一切都是學習與成長的必經之道」。

如果你已經耐心的把書從頭看到這裡，以我過去四十年的身心靈成長經驗來看，你已經比很多人都了解「空」與「覺醒」的概念。

記得有一次我們在淡水上了一門為期三天的「轉念的力量」課程，有一位求道多年的學員，滿腹狐疑的問：「老師，此刻我為什麼完全感受不到痛苦？那個從小跟隨我的痛苦為什麼不見了？我的腦袋一片空白。」我笑著回答：「這就是幾千年來求道者努力想追求的『空性』，感覺如何？」突然間，她淚流不止，完全說不出話，看得出來她深受「臨在」的感動，換一種說法就是「法喜充滿」。在那個神聖的空間裡，她向我頂禮，我也向她頂禮，在場每個人都沉浸在那至高無上的生命感動。

一個極為簡單、寧靜，並且開放的內在了知：再大的痛苦，都有出口⋯⋯

在閱讀本書的過程中，相信你對自己的念頭、情緒以及選擇，都已經有更深入的了解與醒悟。接下來，就是把這些前人用過的好方法，應用在日常生活上。此時，不管是否經歷過生命重大的挑戰，又或許是還沒準備好要面對過往的點點滴滴，都無關緊要。當拿起這本書，就表示你已經準備好要跨入一個全新的局面了。未來無論是在職場上的競爭，家庭裡的情緒角力，或是個人的生涯規劃，都可以透過轉念，看到當下實事求是的最佳解答。

人的成長過程，無非就是一個接著一個的挑戰。幼童有幼童要面臨的挑戰，小學生有小學生的挑戰，青少年有青少年的挑戰，青年有青年的挑戰；成年之後，結了婚、生小孩，都是挑戰；進入中年後，開始面對未知的生老病死，歷經親友一個一個的離開，到最後自己也無可逃避的要經歷生死，這些無一不是挑戰。

可想而知，如果沒找到一個可以支撐我們的心法或智慧，任何一個坎，都有可能讓人跌入谷底深淵。

現在，有了轉念心法，當面對生活的挑戰，我們都有一個可以支撐自己做出明智選擇，同時又更接近幸福的解決之道。這一路，我在身心靈成長的道途上耕耘不輟，終於得以有所領會。既然經歷過那麼多辛苦，也累積摸索了這麼多的好方法，能跟大家分享，是我的榮幸，也是我的志業。我常常跟朋友說，如果生命前期所承受的種種痛苦，有機會變成經驗與智慧，能提醒其他人少走一些冤枉路，或扶他們一把，那麼以往所承受的苦，就都值得了。

幸福是目標，轉念是方法

很多時候，雖然看起來好像我在輔導某個單一個案，但事實上，透過每個個案，我們總是在觸摸每位參與者的心。或許是因為面對自身經歷的事件時，衝擊往往過於直接、強烈，因此透過別人的故事來療癒自己，力道會比較溫和，也比較容易讓人接受。

每當跟學員一起解開生命中的癥結，卸除並且解構虛假的自我認同時，是我生命中最為感動的一刻。他們允許我進入他們的世界，跟著一起笑、一起哭，彼此相連，互相牽引，讓我有機會經歷隱藏在虛假執念背後的崇高神性。由於我對神聖的存在有很深的信任，一如相信每個人的內在都存有至高的智慧，每次的探索，都讓我驚見「愛」的宏偉。

每個人成長的時間配速都不一樣，開悟的時機也不是任何人可以決定的，對我來說，任何時候，學員想進教室、再進教室，願意揭露分享、再揭露分享，都是完美的，如果機緣還沒到，也完全沒問題。因為我相信，只要願意給自己時間和空間，覺醒自然會發生。

一旦踏上這條自我探索的旅程，自然會有一份來自存在的祝福，因為這是一條走向愛與慈悲的道路。因此，對於「進度」完全不需要有焦慮，苛責反而容易導致自己停滯不前，我的經驗是，愈放鬆，愈能享受路途的風光，愈能領受生命的自由。

如果他人不像你我想把自己摔出腦袋的幻象，那麼，在路上走走停停也是正常的，因為想從痛苦中「覺醒」通常需要有一些堅持。

以往提到人生的開悟、成道，從來就不是輕易可得，需要打破層層世俗給我們設下的框架。而促使我們找到人生開悟的地圖，往往就是生命中經歷過的痛苦。就像某些造成痛苦的信念，抓久了，實在受不了了，就會痛定思痛的，願意去找出解決之道。

日後回過頭來看，自然會對曾經的痛苦另眼相待，有朝一日，我們都會從中長出智慧、愛與慈悲，去感念曾經刻骨銘心的過往，而我現在之所以能跟你分享這些，只是因為我比較早經歷這些生命的難題，又有幸遇見一個個良師益友，不斷為我揭示覺醒後的自由藍圖，激發我對新的生命形態產生無比好奇。

話說回來，也並不是所有人都想找到生命的解脫之道。通常生性愈敏感的人，愈容易感知生命的痛苦，愈嚮往心靈上的自由；愈想求得真理的人，愈想在挫敗和迷惘中看個明白，目的是渴望洞悉永恆的出口。

這也是我為什麼要介紹「轉念功課」，現代人愈來愈注重自己的身心健康，漸漸也開始注意到自己思緒的紊亂所帶來的負面影響，加上一些有形無形的生活壓力造成的身心失調，嚴重的像是憂鬱、躁鬱、焦慮、自閉、失眠等，都跟腦袋中的諸多負面念頭有關。

事實上，沒幾個人真正明白那些念頭只是念頭，並不等於我們生命的實相，更不應該緊緊抓著那些信念，讓似是而非的情緒跟過往經歷的歷史來定義我們自己。那些帶給我們壓力的想法和念頭，都是成長過程中，外在環境或身邊的重要他人所灌輸給我們的，像是父母、親友、長輩、學校、職場、社會……因為他們相信，把我們塑造成他們期待的樣子，完全是為了我們好。

如果剛好生性認真乖巧，總是把那些有意無意的想法都聽進去，早晚內在會開始叫屈，而愈貼心、柔順、討好，凡事為他人著想的人，也許會活得更加辛苦。

這是一本寫給你的書，我只對人的自由、覺醒感興趣。我希望看到每個渴望覺醒的人，都有機會在這樣簡單的參問下，看到自己內在愛的曙光，這不只是讓自己找到得以喘息的空間，更可以活出屬於自己獨一無二的幸福與喜悅。

人在不同階段，都得要面對不同的議題，如果能早點看穿頭腦夢境的沉重，就可更早一點讓自己擺脫不必要受的苦。我們不可能對世界或別人沒意見，但最起碼可以學著善待自己，釐清自己的思緒，還給自己一個清新的空間，體驗什麼叫做愛上自己和愛上這個世界的幸福滋味。

畢竟，幸福才是我們的目標，而轉念只是方法。

我所認識的成道者，似乎都有一個洞見，就是人的智慧不容小覷，否則我們怎麼可能存活到今天。即便混亂脫序、狗屁倒灶的事情此起彼落，生活中姑婆叔伯、左鄰右舍，各種角力時時刻刻在上演，我們卻也存活了下來。就憑這一點，就不得不讓人佩服。而我所想要傳達的，只是試著將沉睡的意識喚醒。

一旦醒了，即使事情還在發生，人、事、物也依然存在，但因為清醒了，就可以遊刃有餘的去面對。

我相信我們都擁有分辨虛幻與真實的能力，如果你願意深入了解我所經歷的真實世界，你可能也會發現生命可以是輕鬆、愉快的。我愈來愈相信，雖然自己是從痛苦中覺醒，但那未必是你的道路。也許你就是那麼獨特、幸運，只是透過一本書，就看穿了頭腦一直不肯認輸的詭計。畢竟，世界教了我們各種致勝的知識，卻沒有教我們如何讓腦袋停止。

我相信每個人內在都存有極大的生命智慧，究竟稱之為「道」、「無念」、「洞識」、「開悟」、「覺醒」，還是「般若」……都不重要，重要的是，透過一些好方法，喚醒原本熟睡的意識與覺知。

切記，念頭只是念頭，既不是你的，也不能代表你，也許某一刻，念頭看起來如此真實，但只要角度一換，可能在下一秒就變得荒謬無稽。希望我們都不再被特定的念頭綁架，也不讓自己被念頭所困。看清楚眼前的事實，就能讓我們的心靈自由，同時也更快樂！

感謝老天爺的美意

就在開始動筆之際，我剛從一個專業的催眠課程結業。這一天，女兒主動來找我說：「媽，幫我催眠！」問清楚了她想要達成的目標與內容，我們開始進行。

結束之前，我讓她伸出手，向宇宙拿回一個禮物，接著，三、二、一，張開眼睛。她慢慢的伸著懶腰，緩緩張開眼睛。我好奇的問她：「你看到了什麼禮物？有拿回來了嗎？」

「好奇怪，怎麼會是我從未想過的東西？不知道這個想法是從哪來的？好好笑！」她說。

「什麼東西？」

「一個金色的泰迪熊！」她話一說完，剎那間，我下巴差一點沒掉下來。

「昨天我才寫完新書的序，標題就是：老天爺是我貼心的泰迪熊。」

「哈哈！你在想的念頭，跑到我這裡來了。」她好得意，覺得自己是神通。

的確，我深信我們的念頭，即使沒有說出口，都會影響周遭的人，特別是我們所愛跟愛我們的人。這也是為什麼我們一定要好好關照念頭，因為它的影響力，遠比我們所知道的更深、更廣，也更直接。

在此，我要特別感謝天下文化團隊催生了這本書，以及幫忙記錄和整理文字的廖慧君小姐，沒有他們的大力支持，本書不可能如此順利的完成。

當然，還要謝謝我的家人，他們從來都不吝於貢獻出自己的生命故事，讓我與讀者分享。

為了撰寫這本書，我邀請了十多位學員，同時也是朋友，針對他們對轉念功課的理解，提出實際操練上遇到的問題與瓶頸。書中提到的人名都是虛構的，但故事及對話內容都是真實的。感謝多年來一起學習、成長的沈小惠、小岱、黃瓊慧、林宣亨、林惠君、林怡君、戴佳靜、李金陵、金冠瑤。

最後，當然要感謝拜倫．凱蒂，在她的精心設計下，讓解脫變得容易許多。

轉念不是心理學研究，也不是心理諮商，而是帶我們跳脫頭腦框架的法門。你知道嗎？「狂喜」的英文是「Ecstasy」，也就是「站到外面去」的意思，這似乎已經說明，只要站到頭腦外面，就能體驗到生命狂喜的滋味了。

感謝你的用心參與，更歡迎你到我們的官網（http://laipeixia.com/）留言。祝福你、也祝福我。

國家圖書館出版品預行編目（CIP）資料

轉念的力量: 不被念頭綁架,選擇你的人生,讓心靈自由/賴佩霞著. -- 第一版. -- 臺北市：遠見天下文化出版股份有限公司, 2021.10
面；　公分. -- (心理勵志；BBP453)
ISBN 978-986-525-272-4(平裝)

1.靈修 2.修身 3.生活指導

192.1　　　　　　　　110012763

心理勵志 BBP 453

轉念的力量

不被念頭綁架，選擇你的人生，讓心靈自由

作者 — 賴佩霞
文字協力 — 廖慧君

總編輯 — 吳佩穎
人文館總監 — 楊郁慧
責任編輯 — 許景理（特約）、楊郁慧
封面及內頁設計 — 謝佳穎（特約）
內頁排版 — 蔚藍鯨（特約）

出版者 — 遠見天下文化出版股份有限公司
創辦人 — 高希均、王力行
遠見・天下文化 事業群榮譽董事長 — 高希均
遠見・天下文化 事業群董事長 — 王力行
天下文化社長 — 林天來
國際事務開發部兼版權中心總監 — 潘欣
法律顧問 — 理律法律事務所陳長文律師
著作權顧問 — 魏啓翔律師
社址 — 臺北市104松江路93巷1號
讀者服務專線 — 02-2662-0012｜傳眞 — 02-2662-0007；02-2662-0009
電子郵件信箱 — cwpc@cwgv.com.tw
直接郵撥帳號 — 1326703-6 遠見天下文化出版股份有限公司

製版廠 — 中原造像股份有限公司
印刷廠 — 中原造像股份有限公司
裝訂廠 — 中原造像股份有限公司
登記證 — 局版台業字第 2517 號
總經銷 — 大和書報圖書股份有限公司｜電話 — 02-8990-2588
出版日期 — 2021 年 10 月 29 日第一版第一次印行
2023 年 9 月 26 日第一版第十六次印行

定價 — NT 400 元
ISBN — 978-986-525-272-4｜EISBN — 9789865252731（EPUB）；9789865252717（PDF）
書號 — BBP 453
天下文化官網 — bookzone.cwgv.com.tw

天下文化

BELIEVE IN READING